本书系中共中央党校（国家行政学院）2021年度校级科研项目“党的创新理论传播规律研究”（项目编号：2021YB027）的阶段性成果。

理论传播学引论

熊若愚　著

山东人民出版社·济南
国家一级出版社　全国百佳图书出版单位

图书在版编目（CIP）数据

理论传播学引论/熊若愚著.--济南：山东人民出版社，2021.10
ISBN 978-7-209-13507-8

Ⅰ.①理… Ⅱ.①熊… Ⅲ.①中国共产党－政治传播学－研究 Ⅳ.①D261.1

中国版本图书馆CIP数据核字（2021）第208369号

理论传播学引论

LILUN CHUANBOXUE YINLUN

熊若愚　著

主管单位　山东出版传媒股份有限公司
出版发行　山东人民出版社
出 版 人　胡长青
社　　址　济南市市中区舜耕路517号
邮　　编　250003
电　　话　总编室（0531）82098914
　　　　　市场部（0531）82098027
网　　址　http://www.sd-book.com.cn
印　　装　山东华立印务有限公司
经　　销　新华书店

规　　格　16开（169mm×239mm）
印　　张　15
字　　数　160千字
版　　次　2022年12月第1版
印　　次　2022年12月第1次
ISBN 978-7-209-13507-8
定　　价　68.00元

目　录

绪　论　为什么要研究理论传播学 001

第一章　理论传播概论 005

一、理论传播学研究对象 007

二、理论传播的基本功能 010

三、理论传播的主要原则 013

第二章　理论传播主体 017

一、理论传播主体的构成 019

二、理论传播主体的责任 022

三、理论传播主体的素质 024

四、理论传播主体队伍建设 026

第三章　理论传播受众 029

一、大众传播受众概述 031

二、理论传播受众构成 032

三、理论传播受众需求 034

四、理论传播受众特点 036

第四章　理论传播内容　039

一、党的创新理论和基本原理　041

二、党的创新理论的实践成果　043

三、党的创新理论的相关知识　047

第五章　理论传播作品　051

一、理论传播作品的四种形态　053

二、理论传播作品的内容特征　055

三、理论传播作品的语言特征　057

四、理论传播作品的版权特征　060

第六章　理论传播媒介　063

一、大众传播媒介概述　065

二、理论传播的传统媒介　068

三、理论传播的新型媒介　071

四、理论传播的专有媒介　072

五、理论传播的媒介功能　075

六、理论传播的媒介建设　078

第七章　理论传播进程　081

一、建党之前的理论传播　083

二、革命时期的理论传播　086

三、建设时期的理论传播　088

四、改革时期的理论传播　091

五、新时代的理论传播 094
六、理论传播的基本规律 096

第八章 理论传播效果评估 101
一、理论传播效果评估指标设置 103
二、理论传播效果评估方式方法 105
三、理论传播效果评估结果运用 107

第九章 加强党对理论传播的全面领导 111
一、做好理论传播工作的根本前提 113
二、贯穿理论传播全过程和各方面 115
三、建设高素质理论传播工作者队伍 117

第十章 图书与理论传播 121
一、提高理论图书出版质量的总体要求 123
二、提高理论图书选题策划质量 125
三、提高理论图书撰写质量 127
四、提高理论图书编辑质量 129
五、提高理论图书制作质量 131
六、提高理论图书发行质量 133

第十一章 报刊与理论传播 135
一、提高理论报刊选题策划能力 137
二、加强理论报刊作者队伍建设 140

三、加强理论报刊编辑队伍建设 144

第十二章 广播与理论传播 147

一、各地运用广播传播党的创新理论的探索 149

二、广播理论节目必须坚持内容为王 150

三、广播理论节目必须注重制作质量 152

四、做好广播理论节目传播工作 155

第十三章 电视与理论传播 157

一、电视理论节目内容策划 159

二、电视理论节目专家选择 162

三、电视理论节目环节设置 164

四、电视理论节目传播渠道 166

第十四章 新兴媒体与理论传播 169

一、新兴媒体特点和优势 171

二、理论传播新兴媒体建设难题 173

三、提升运用新兴媒体进行理论传播的水平 175

第十五章 理论学习中心组与理论传播 179

一、聚焦关键少数，提升学习主体的主动性 181

二、聚焦根本任务，提升学习内容的吸引力 182

三、聚焦方法创新，提升学习方式的针对性 185

四、聚焦监督考核，提升学习管理的实效性 187

第十六章　理论宣讲与理论传播 189
一、理论宣讲的重要意义 191
二、理论宣讲的基本要求 192
三、理论宣讲的基本任务 194
四、理论宣讲的工作创新 197

第十七章　思想政治理论课与理论传播 201
一、如何理解办好思想政治理论课的重大意义 203
二、如何讲好思想政治理论课 205
三、如何加强思想政治理论课教师队伍建设 207
四、如何加强党对思想政治理论课建设的领导 210

第十八章　新时代文明实践中心与理论传播 213
一、新时代文明实践中心的理论传播功能 215
二、新时代文明实践中心的基本属性 216
三、提升新时代文明实践中心建设质量 218
四、充分发挥理论宣讲志愿者作用 221

参考文献 224

致　谢 231

绪论

为什么要研究理论传播学

中国哲学社会科学的一项重要任务就是继续推进马克思主义中国化、时代化、大众化，继续发展21世纪马克思主义、当代中国马克思主义。要完成这样的重要任务，必须加强对党的创新理论传播规律的研究，深入理解和把握党的创新理论的传播特点和传播规律，加强传播手段和话语方式创新，不断提高理论传播的有效性，让党的创新理论“飞入寻常百姓家”。

理论传播学是中国特色哲学社会科学的重要组成部分，是马克思主义理论和新闻传播理论交叉嫁接的边缘学科，也是一门亟待深入研究、具有开创性的新兴学科。理论传播学所研究和传播的理论是马克思主义理论，重点是当代中国马克思主义、21世纪马克思主义。理论传播学的研究任务是探寻马克思主义理论传播规律，提高党的创新理论传播的有效性，推进马克思主义中国化、时代化、大众化。理论传播学所要研究的内容包括理论传播的基本功能、主要特点、传播主体、传播受众、传播内容、传播方式、传播媒介、传播途径、传播管理、传播质量及其评估、传播规律，等等。

党的十八大以来，我们党始终坚持以学习宣传阐释习近平新时代中国特色社会主义思想为主题和主线，在党的创新理论传播方面积累了丰富的实践经验。理论工作者深入开展党的创新理论传播规律研究，在学术期刊上发表一系列论文，创立理论传播学已具有一定基础。

但现在的研究还只是初步的，研究成果也是探索性的，亟待实践检验和修正。下一步，我们要系统梳理党的十八大以来学习宣传阐释党的创新理论的丰富实践，系统梳理党的十八大以来关于党的创新理论传播规律的研究成果，深入探讨党的创新理论传播规律，提出运用传播规律提升党的创新理论传播质量和效果的对策建议，为构建中国特色哲学社会科学作出新的努力。

第一章

理论传播概论

高度重视理论传播和理论武装是中国共产党的优良传统和独特的政治优势，也是党推动事业发展的一条成功经验。理论传播是一门学问。理论传播学所研究和传播的理论是马克思主义理论，重点是当代中国马克思主义、21世纪马克思主义。理论传播学所要研究的是理论传播的基本功能、主要特点、传播主体、传播受众、传播方式、传播媒介、传播途径、传播规律、传播管理、传播质量及其评估，等等。理论传播学和新闻传播学、广告传播学一样，是一门研究传播规律的学问，是马克思主义理论和新闻传播理论交叉嫁接的边缘学科，也是一门亟待深入研究的新兴学科。

一、理论传播学研究对象

在中国国家图书馆联机公共目录查询系统中，以传播学为正题名查询，可以看到新闻传播学、文化传播学、体育传播学、电影传播学、计算传播学等方方面面的图书，但没有查询到理论传播学图书。

在中国知网以新闻传播、电影传播、社会传播为篇名查询，都会查出成百上千篇论文，而以理论传播为篇名查询，研究理论传播的文章比较少见。

这两个查询结果启示人们，关于理论传播的研究几乎还是一张白纸，可以画最新最美的图画。说起来，这也难怪，世界上还没有一个国家，像我们中国人这么重视理论、重视理论传播和理论武装。因此，中国学者很有必要创立自己的理论传播学。

关于理论。《辞海》中关于理论的释义是指概念、原理的体系，即系统化了的理性认识。理论是对某一科学领域所作的系统解释的知识体系，由系列性的概念、判断和推理所组成。理论应该在全世界范围内，或至少在一个国家范围内具有普遍适用性，即对人们的生产、生活、思想等行为具有指导作用。例如，哲学理论、经济理论、法律理论、管理理论、军事理论，等等。

关于马克思主义理论。马克思主义理论是关于全世界无产阶级和全人类彻底解放的学说。它由马克思主义哲学、马克思主义政治经济学和科学社会主义三大部分组成，是马克思恩格斯于19世纪40年代创立并在实践中不断丰富、发展和完善的科学理论体系。今天，马克思主义不仅指马克思恩格斯创立的基本原理、基本观点和学说体系，而且包括继承者对马克思主义的丰富和发展。作为中国共产党和社会主义事业指导思想的马克思主义，是从广义上理解的马克思主义。它包括由马克思恩格斯创立的马克思主义基本理论、基本观点、基本方法，包括经列宁等经典作家对其丰富和发展，更包括中国共产党人将其与中国具体实际相结合进一步丰富和发展了的马克思主义，即中国化的马克思主义。

关于当代中国马克思主义、21世纪马克思主义。党的十八大以来，以习近平同志为核心的党中央，顺应时代发展，从理论和实践结合上系统回答了新时代坚持和发展什么样的中国特色社会主义、怎样坚持和发展中国特色社会主义这个重大时代课题，创立了习近平新时代中国特色社会主义思想。习近平新时代中国特色社会主义思想是当代中国马克思主义、21世纪马克思主义。本书研究的理论传播，专指马克思主义理论传播，重点是马克思主义中国化理论成果的传播，主线和根本任务是传播习近平新时代中国特色社会主义思想。

关于传播。传播是指两个相互独立的系统之间利用一定的媒介和途径所进行的、有目的的信息传递活动。传播学中的传播是从英语单词communication翻译而来的，包含通讯、信息、传达、传授、传播、共享等意思。国内学者郭庆光认为，传播是社会信息的传递或社会信息系统的运行。胡正荣认为，传播是信息流动的过程。传播包含两个要素：信息和流动。一般而言，传播是指传授信息的行为或过程。

关于传播学。传播学是研究人类一切传播行为和传播过程发生、发展的规律以及传播与人和社会的关系的学问。简言之，传播学是研究人类如何运用符号进行社会信息交流的学科。传播学是20世纪30年代以来跨学科研究的产物。传播学和其他社会科学学科有密切的联系，与多种学科发生交叉。传播学运用社会学、心理学、政治学、新闻学、人类学等许多学科的理论观点和研究方法来研究传播的本质和概念；传播过程中各基本要素的相互联系与制约；信息的产生与获得、加工与传递、效能与反馈，信息与对象的交互作用；各种符号系统的形成及其在传播中的功能；各种传播媒介的功能与地位；传播制度、结构与社会各领域、各系统的关系等。此外，传播学还要借鉴自然科学中的信息论、控制论、系统论等，所以，人们也称它为交叉科学。各种社会学科的理论往往都能够成为传播学理论的一部分。但传播又有自身的理论，是其他社会科学不能代替的。

理论传播学。理论传播有广义和狭义之分。广义的理论传播是指将各种各样的理论传播给受众的行为和过程。狭义的理论传播是指将马克思主义理论传播给人民群众的行为和过程。本书所阐述的理论传播学的研究对象为狭义的理论传播，给出的定义是，理论传播学是研究如何向人民群众传播马克思主义理论的学问。理论传播学的研究重点是研究如何向人民群众传播马克思主义中国化的最新成果，而当前的主线和根本任务就是研究如何提高用党的创新理论武装全党、教育人民的质量和效果。

二、理论传播的基本功能

一百年来，中国共产党之所以能够带领中国人民迎来从站起来、富起来到强起来的伟大飞跃，根本原因就在于始终坚持把马克思主义作为行动指南，始终坚持在实践中不断丰富和发展马克思主义。用马克思主义中国化最新成果指导实践，其前提就是让党的理论创新成果在党员群众中入脑入心，真学真懂真信真用，变成党员群众的自觉行动。这一刻也离不开理论传播。理论传播至少有以下几项基本功能。

一是巩固马克思主义在意识形态领域的指导地位。坚定理想信念，坚守共产党人的精神追求，始终是共产党人安身立命的根本。理论传播的首要功能是全面贯彻落实习近平新时代中国特色社会主义思想，不断巩固马克思主义在意识形态领域的指导地位，把坚持以马克思主义为指导全面落实到思想理论建设、哲学社会科学研究、教育教学各方面和全过程。中国共产党之所以能够成为全世界最强大、最伟大的政党，之所以能够成为一个有着钢铁信念、钢铁意志、钢铁纪律的马克思主义政党，究其根本原因就是坚持把党的思想理论建设摆在首位，并作为立党兴党、管党治党的根基。一百年来，我们党不论是在事关中国革命、建设、改革兴衰成败的重大问题面前，还是在事关党的前途命运的重要历史关口，都始终坚持把马克思主义作为指导思想，始终坚持用马克思主义科学理论统一全党思想、指引前进方向。在新时代，理论武装已经成为党内政治生活的重要内容，成为锻造坚强领导核心的思想保障。只有强化理论传播，用党的创新理论武装全党、教育人民，全党和全国人民才能坚定主心骨，掌握强有力的思想武器，深刻认识问题，科学分析问题，有效解决问题，从而战胜新长征路上的一切艰难险阻。

二是巩固全党全国人民团结奋斗的共同思想基础。中国共产党是全世界最无私的政党，除了最广大人民的利益，没有任何自己的特殊利益，相信人民、依靠人民、为了人民，始终保持同人民群众的血肉联系，既是我们党的根本立场，也是我们党的根本方法。理论传播的重要功能之一，就是传播党的创新理论，把党的主张变成人民群众的自觉行动。改革开放以来，我们党坚持把马克思主义基本原理同中国具体实际相结合，团结带领全国各族人民勇于创新实践、善于总结经验，开创并形成了中国特色社会主义道路、理论体系和制度，发展了中国特色社会主义文化。进行具有许多新的历史特点的伟大斗争，必须坚定中国特色社会主义道路自信、理论自信、制度自信、文化自信。理论传播是理论自信的基础。只有全面彻底地传播理论、学习理论、掌握理论，才能坚定自觉地接受理论、运用理论；只有正确自如地用中国理论认识中国现实、指导中国实践，才能将感性的了解认同内化为坚定的信仰信念、科学的思想方法。在新时代，必须加强理论传播和理论武装，不断提高全党和全国人民的马克思主义思想觉悟和理论水平，始终保持理论上的自觉与透彻，保持对远大理想和奋斗目标的清醒认知与执着追求，在胜利时和顺境中不骄傲自满，在困难时和逆境中不消沉动摇，努力在新的起点上创造新的业绩。

三是凝聚实现中华民族伟大复兴中国梦的强大力量。理论一旦被群众掌握，也会变成物质力量。理论来源于实践，还需要回到实践中，才能达到改造世界的根本目的。理论传播的重要功能之一，就是传播党的创新理论，让人民群众掌握理论并转化成改造自然、改造社会的强大物质力量，使实践获得成功。到21世纪中叶全面建成社会主义现代化强国，是我们党向人民、向历史作出的庄严承诺。艰巨的任务、宏伟的目标，迫切需要用科学理论武装全党的头脑。理论是行动的先导。掌握理论彻底、贯彻理论坚决，是攻坚克难、闯关决胜的前提。越是接近中华民族伟大复兴中国梦的实现，越需要更加自觉地传播党的创新理论，让人民群众牢牢掌握这一强大思想武器，以主观世界的改造引领客观世界的改造，着力把理论传播成果转化为推动经济社会发展的科学决策和有效举措，转化为实现中华民族伟大复兴中国梦的坚定意志和坚实步伐。

四是教育和引导人民群众明辨理论是非，坚定不移听党话跟党走。政治上的坚定离不开理论上的清醒。在党内要清除和批判形形色色的非无产阶级思想，保持党的团结和思想统一；在社会上则要用社会主义核心价值观占领理论阵地，营造风清气正的社会生态。因此，理论传播还有一个重要功能，就是与各种错误思想做坚决的斗争，提高群众理性思维能力。这就要求我们切实增强阵地意识，加强阵地管理，有理有利有节地开展舆论斗争，不给错误思想提供传播和渗透渠道。特别是在事关大是大非和政治原则问题上，要敢于发声，敢于亮剑，坚持什么、反对什么旗帜鲜明，增强主动性、掌握主动权、打好主动仗，及时对错误思想观点进行有力批驳，帮助干部群众划清是非界限、澄清模糊认识。进一步推动理论传播的话语体系和话语方式创新，全面提高理论传播的质量和水平，努力把理论讲透彻、把思想讲鲜活、把实践讲生动。加强选题策划和议题设置，把传播党的创新理论和回应党员干部的思想关切更加紧密地结合起来，把深刻的理论阐释和生动的话语表达更加紧密地结合起来，努力提高党的创新理论的传播力、影响力、凝聚力和引领力。

三、理论传播的主要原则

理论传播的党性原则。理论传播说到底是要传播马克思主义理论，传播当代中国马克思主义、21世纪马克思主义。传播党的理论必须坚守党性原则，把姓党、爱党、护党、兴党、强党作为理论传播的不变初心，始终坚持正确的政治方向、舆论导向、价值取向，把党媒姓党根本原则贯彻到理论传播的全过程和各方面，落实到舆论引导的各领域各环节。积极策划推出有深度有影响、管用解渴的理论文章，对模糊认识深刻辨析说理、积极引导，对错误言论敢于亮剑批驳、善于斗争，从而传达正确的立场、观点、态度。

理论传播的准确原则。理论传播的重要原则是准确，这和新闻传播的真实原则是内在一致的。不准确就是不真实，至少不是百分之百的真实。这就要求在理论传播中时时处处对标对表，凡是党中央有明确说法的理论判断就不能再自创一个新的说法。更进一步，对同一个事物，党中央根据形势新发展作出了新的判断，理论传播就要紧紧跟上，传播最新的理论，而不再使用原来的判断。

理论传播的全面原则。全面传播党的创新理论与突出重点传播党的创新理论，两者都是需要的。但全面传播是第一位的，只有在全面传播的基础上适当强调重点，才符合理论传播的全面原则。例如，我们在传播新发展理念的时候，需要强调创新、协调、绿色、开放、共享是一个整体，任何抓住一点不及其余的传播都是错误的，效果也不可能好。牢固树立唯物辩证法思想，坚持全面地联系地看问题，把握“两点论”与“重点论”的统一，用心用情做好理论传播。

理论传播的及时原则。新闻是及时传播的信息。新闻传播有一条重要原则就是及时原则。及时原则也是理论传播的重要原则。每一个重要会议之后，每一个重大理论创新出台，都是政治生活大事，都是人民群众翘首期盼的大事。及时将理论创新成果准确全面地传播给人民群众，可以取得事半功倍的效果。及时原则还有一层十分重要的含义，就是及时传播党中央根据形势发展要求对理论概括的最新表述，这对于及时统一思想、凝聚共识，有着十分重要的意义。

理论传播的实践原则。理论传播要想取得实际效果，说到底还是要通过实践。人民群众不仅仅看理论是怎么说的，更要看理论能不能指导实践。以中国人民最为服膺的家庭联产承包责任制理论为例，亿万农民群众就是在实践中接受这个伟大的理论创造的。因此，开展理论传播要善于运用实践验证，在理论灌输的基础上通过身边事教育感染身边人，引导人们搞通基本论断和基本原理。善于从理论的高度回答现实生活中提出的群众最关心、最迫切需要解决的问题，或探索具有重大分歧的理论问题，搞清理论是非，才是理论传播的生动方式，才能提高干部群众掌握和运用马克思主义观点、立场和方法的能力。此外，我们还要适当地介绍现代社会科学理论的新成果，引导人们不断用新的理论成就认识经济建设和政治生活中出现的新趋势，不断增强理论思维，提升理论能力。

第二章

理论传播主体

我们党历来高度重视理论建设和理论教育，运用马克思主义基本原理指导中国的事情是我们的看家本领。做好理论传播工作，让党的创新理论“飞入寻常百姓家”，事关党的前途和命运。理论传播的质量，既取决于理论自身的质量，又取决于理论传播主体的素质和能力。因此，深入研究理论传播主体，分析把握传播主体的构成、责任、素质、培养和管理，成为建构理论传播学的重要课题。

一、理论传播主体的构成

理论传播主体由两部分构成：一种是以理论传播为主要工作任务的理论传播者，如党校教师、高校思想政治理论课教师，理论研究人员，理论报刊网站编辑等；另一种是在工作中涉及理论传播任务的理论传播者，如各级党组织书记、党委（党组）理论学习中心组成员等。这些同志都承担着一定的理论传播任务，既是理论传播的主体，也是理论传播的受众。其中，专职的理论传播者主要由以下几个部分组成。

机关理论传播者。各级各类机关中，都有一些专门从事理论传播的工作人员。例如，各级党委宣传部设有专门负责理论学习、宣传、阐释、传播的机构，承担同级党委理论学习中心组的组织服务工作，并领导和管理理论传播事务。在省、市、县三级设置的讲师团专门从事理论宣传工作，是专职从事理论传播的机构。政策研究和理论研究密不可分，理论研究和理论传播也密不可分，各级政策研究部门、各部门的研究中心和研究室大都承担了一定的理论传播任务。

党校理论传播者。中央党校的建设目标是“四个建成”，建成党内外公认的、具有相当国际影响力的中国共产党名副其实的最高学府，建成在党的思想理论建设特别是研究宣传习近平新时代中国特色社会主义思想上不断开拓创新、走在前列的思想理论高地，建成英才荟萃、名师辈出、“马”字号和“党”字号学科乃至其他一些学科的学术水准在全国明显处于领先地位的社科学术殿堂，建成对党和国家重大问题研究和决策提供高质量咨询参考作用的国家知名高端智库。无论教学科研还是宣传阐释，说到底，担当的都是传播党的创新理论这个崇高的使命。

高校理论传播者。高校不仅是传播各学科理论的重要阵地，更是传播马克思主义特别是当代中国马克思主义、21世纪马克思主义的重要阵地，必须实施好高校思想政治理论课建设体系创新计划，努力把高校思想政治理论课的教材编好，把教师队伍建设好，把思想政治理论课讲好，建设学生真心喜爱、终身受益的高校思想政治理论课。不仅各高校马克思主义学院老师是理论传播者，辅导员、哲学社会科学授课老师也是理论传播者，其他学科老师也都承担着传播党的创新理论的任务，要潜移默化地传播马克思主义理论，加强和改进大学生的思想政治教育，培养能够担当大任的中国特色社会主义建设者和接班人。

社会科学院理论传播者。社会科学院作为党的重要思想理论阵地，承担着为中华民族伟大复兴提供理论准备，为中国特色社会主义道路自信、理论自信、制度自信、文化自信提供学术支撑的重任。加快构建中国特色哲学社会科学学科体系、学术体系、话语体系，是社会科学院承担的战略任务。各级社会科学院“马”字号和“党”字号学科的研究人员直接承担研究和传播党的创新理论任务，经济、政治、文化、社会、生态文明等各个学科都承担着研究和传播党的创新理论的任务，其他学科也要在理论研究和传播中贯彻落实党的创新理论。

军队理论传播者。在军队系统中，除了各级干部都担负着一定的传播党的创新理论的任务外，总部政治工作部门、战区级单位政治工作部门都有专职的理论传播工作者。另外，军事科学院和国防大学等军队院校有专门的机构和人员从事党的创新理论研究和传播工作。军队院校的思想政治理论课教师，和普通高校思想政治理论课教师一样，是党的创新理论传播者。

新闻出版行业从业人员中的理论传播者。在党的创新理论传播主体中，有一支专门的传播队伍，他们对理论传播的质量和效果具有举足轻重的影响。毫无疑问，新闻出版行业的从业人员都或多或少承担了理论传播任务，传播别的理论和传播新闻也要以党的创新理论为指导。与此同时，还有专门的理论传播者，例如，《求是》《学习时报》等理论报刊的从业人员，《人民日报》等报刊的理论部工作人员等。

其他方面的理论传播者。除了上述讲师团等专门机构中的理论传播者之外，在我们国家，还有很多理论传播者。例如，活跃在城市社区和农村的宣讲员，电视台、电台中从事理论传播的同志，等等。

二、理论传播主体的责任

理论传播者的责任就是传播党的创新理论。做好理论传播工作，首先必须坚持在学懂弄通做实上下真功夫，在真学真懂真信真用真传上下苦功夫，努力让党的创新理论“飞入寻常百姓家”。

理论传播主体首先要真学党的创新理论。学习贯彻党的创新理论是理论传播主体的首要政治任务。我们必须提高政治站位，从历史和现实相贯通、国际和国内相关联、理论和实际相结合的宽广视角来学习领会党的创新理论。要带头弘扬马克思主义学风，努力把学习作为一种生活态度、作为一种生活方式，坚持读原著、学原文、悟原理，坚持理论联系实际，深刻领会和理解把握其丰富内涵和精髓要义，努力先学一步，学深一些，做到知其然也知其所以然。

理论传播主体要真懂党的创新理论。懂是学的结果，更是学的收获。所谓“真懂”，就不是假懂，更不是装懂。真懂不仅是懂字面、懂文义，更是懂旨趣、懂精神。理论传播主体必须强化理论思维，发扬学到底、悟到位的精神，既深入学习马克思主义经典作家的经典原著，又深入学习领会当代中国马克思主义、21世纪马克思主义，全面系统地掌握习近平新时代中国特色社会主义思想的内在逻辑和思想体系，深刻理解其鲜明主题、科学体系，深刻把握贯穿其中的马克思主义立场观点方法，深刻认识中国特色社会主义的历史必然性和科学真理性，真正做到学而信、学而行。

理论传播主体要真信党的创新理论。真信是真用的前提。学习不仅要入眼入耳，更要入脑入心，就是要在灵魂深处敲响鼓，在思想深处起共鸣。理论传播主体要在思想灵魂深处建立起对习近平新时代中国特色社会主义思想的真诚信仰，深刻体悟蕴含其中的坚定信仰追求、历史担当精神、真挚为民情怀、务实思想作风、科学思想方法，牢记共产党人初心使命，全心全意为人民服务。要真正把自己摆进去，把工作摆进去，把思想摆进去，坚持在提高理论水平的同时不断锤炼党性，不断提高思想觉悟，不断改造主观世界，努力培养高尚的道德情操。

理论传播主体要真用党的创新理论。学以致用，用是学的目的。理论传播主体不仅要做真学的模范，也要做真用的模范。要坚持以正在做的事情为中心，聚焦有重大实践意义的理论问题和有重大理论意义的实践问题，深入学习领会党的创新理论，真正把马克思主义理论素养转化为解决现实问题的能力，把理论学习成果转化为推动经济社会高质量发展的实际成效。要聚焦经济社会发展实践课题，不断深化对重要理论观点和重大战略部署的认识和理解，切实增强贯彻落实党的创新理论的政治自觉、思想自觉、行动自觉。

理论传播主体要真传党的创新理论。传播党的创新理论是理论传播者的天职和使命。真传就是要坚守理论传播的党性原则，把姓党、爱党、护党、兴党、强党作为理论传播的不变初心，把党性原则贯彻到理论传播的全过程，落实到舆论引导的各环节；就是要坚守理论传播的准确原则，在理论传播中时时处处对标对表，凡是明确的理论判断都不自创新说法，凡是党中央对同一件事情有了新的判断时就不再使用原来的判断；就是要坚守理论传播的全面原则，坚守马克思主义立场观点方法，把握“两点论”与“重点论”的统一，用心用情传播党的创新理论；就是要坚守理论传播的及时原则，及时传播理论创新的最新成果，及时传播党中央根据形势发展要求对理论概括的最新表述；就是要坚守理论传播的实践原则，用党的创新理论回答群众最关心的思想问题和工作问题，引导党员干部增强理论思维，提升理论能力。

三、理论传播主体的素质

理论传播者首先是党的干部，需要具备党员干部的基本素质。在此基础上，还要具备对马克思主义的坚定信仰，系统掌握马克思主义思想方法，具有求真务实的精神，注重对实践经验的研究，等等。

政治素质。理论传播主体相当于党员干部的老师，政治过硬是最基本的素质要求。理论传播者必须坚持政治标准，有良好的政治品德，懂纪律、守规矩，具有较强的政治敏锐性和政治鉴别力，有问题看得明、见事早，复杂问题看得清、判断准，重大问题看得深、想得透，在理论是非面前立场坚定，在重大抉择关头头脑清醒。在传播党的创新理论时始终坚持党性立场，无论说什么、写什么、发表什么，都始终遵循马克思主义的世界观和方法论，始终遵循党的路线方针政策。理论传播者要坚持马克思主义基本立场和基本观点，以党的代表大会报告和中央全会重要决定、决议作为根本准绳，把对领袖原著的学习钻研与对党的文献的学

习钻研结合起来，从党性与人民性的统一上、从基本理论与现实政治的结合上深入阐述重大理论和实践问题，努力提高党的创新理论传播有效性。

理论素质。理论传播是用理论来武装人，专业性很强，没有较高的理论素质很难做好。理论素质是理论传播主体应有的最基本的素质。要用党的创新理论武装干部群众，首先就要用党的创新理论武装自己。理论传播主体要牢固树立对马克思主义的信仰和对中国特色社会主义的信念，深刻认识马克思主义的科学性、革命性和实践性，深刻把握马克思主义所揭示的人类社会发展规律，深刻体悟“两个必然”的客观真理性。理论传播主体要真信马克思主义，真信马克思主义中国化的最新成果，并且在真信的基础上做到真学、真懂、真用、真传。扎实打好马克思主义理论功底，认认真真读马克思恩格斯的著作，深刻掌握马克思主义基本原理，特别是贯穿其中的科学世界观和方法论，为确立正确的世界观、人生观、价值观打下坚实的理论基础，为做好理论传播工作提供坚实的理论支撑。

业务素质。理论传播学是一门科学，理论传播是一项专业性很强的业务工作。理论传播主体要在全面系统地掌握党的创新理论的基础之上，深入学习传播学的基础知识，掌握理论传播的基本理论与基本方法，掌握理论研究、理论写作、理论编辑、理论宣讲等业务知识与技能。要加强各方面知识的学习，不断掌握新知识、熟悉新领域、开拓新视野，加强调查研究，不断增强脚力、眼力、脑力、笔力，真正做到政治过硬、本领高强、求实创新、能打胜仗。

品德素质。理论传播是做人的理论武装工作，是一项神圣的事业。理论传播者是人类心灵的工程师，首先需要心地善良、清澈见底。一个在心里不真信党的创新理论、在行动上不遵循党的创新理论的人，在传播党的创新理论的时候，怎么可能有感染力、怎么可能打动受众呢？所以，理论传播主体一定要是立志于党的创新理论传播事业、具有高尚的思想道德情操的人，唯有如此，才能真正既“以德服人”又“以理服人”。理论传播主体必须自觉加强思想道德建设，牢固树立正确的世界观、人生观和价值观，在党内做一个合格的党员，在社会上做一个合格的公民，在家里做一个合格的家庭成员，吃苦在前，吃亏在前，以忠诚干净担当的实际行动取信于受众、取信于党和人民。

四、理论传播主体队伍建设

努力打造一支政治过硬、本领高强、求实创新、能打胜仗的宣传思想工作队伍，是党中央对宣传思想工作队伍建设的新要求。理论传播队伍是宣传思想工作队伍的重要组成部分。建设一支符合新时代需要的理论传播队伍，政治过硬是根本前提，本领高强是基础条件，求实创新是方法手段，能打胜仗是目标追求。

锤炼理论传播队伍的马克思主义理论功底。在党的理论传播实践中，理论传播者必须增强马克思主义理论思维，自觉运用马克思主义立场观点方法开展理论传播工作。做到这一点，关键是要坚持用是否真学真懂真信真用真传马克思主义这个标准来衡量理论传播者的理论功底。每一位理论传播者都必须接受系统的马克思主义理论教育，能够系统地掌握马克思主义理论。这就要求理论传播主体首先受教育，原原本本学习和研读经典著作，对照基本书目，静下心来读原著、学原文、悟原理，深刻理解把握原著中包含的马克思主义立场观点方法，不断加强马克思主义理论修养，不断提高马克思主义理论水平，真正掌握共产党人的看家本领。

提升理论传播队伍的传播能力和水平。马克思主义理论是党的理论的核心和灵魂。提高理论传播的质量和水平，关键是运用马克思主义指导理论传播工作。理论传播者要坚守正确的政治方向，矢志不渝地传播党的创新理论，努力让党的主张成为时代最强音。抓住传播主线，坚持不懈传播党的创新理论，不断巩固全党全国人民团结奋斗的共同思想基础。坚持在推动党员干部成长进步上着力，坚持理论联系实际，坚持问题导向，深入研究找出答案，提供决策咨询参考，帮助党员干部夯实理论基础。突出政治功能，坚持在创新话语体系上着力，对党的思想理论和党中央重大决策部署进行学理阐释，用理论的力量、思想的力量引导党员干部真学真懂真信真用，让党的创新理论“飞入寻常百姓家”。推动话语体系、话语方式创新，加强选题策划和议题设置，努力提高党的创新理论的传播力、影响力、凝聚力和引领力，全面提高理论传播的质量和水平，使党的声音传得更开、传得更广、传得更深入。

加强对理论传播队伍的管理。理论传播者在党内外都具有很强的示范效应。因此，加强对理论传播队伍的教育和管理，理所当然是全面从严治党的重要一环。理论传播主体对重大政治和理论问题发表观点和看法，应该自觉维护党的威信、维护党中央权威；任何错误的观点，无论公开还是私下里，理论传播者都不能传播。在理论传播队伍教育管理中，要坚持严管就是厚爱的理念，持之以恒地严格管理，持之以恒地严格要求，教育引导理论传播者严格要求自己，熟知理论边界，守住思想底线，把真学真懂真信真用真传马克思主义作为自己的自觉追求，严格遵规守纪，不犯或少犯错误特别是严重错误，努力成为合格的理论传播者。

第三章

理论传播受众

深化理论传播学研究，做好理论传播工作，既关系到理论武装的良好成效和党员干部群众对党的创新理论的认同，又关系到政党和国家在国际社会中的形象，意义重大而深远。理论传播的质量，既取决于理论自身的质量，又取决于理论传播主体的素质和能力，还与对理论传播受众素养和心理的了解和把握程度直接相关。因此，深入分析理论传播受众的构成，研究受众需求，把握受众特点，创新传播手段和话语方式，成为建构理论传播学的重要课题。

一、大众传播受众概述

受众是指信息传播的接受者，包括报刊、书籍、网络、移动媒体的读者，广播和宣讲的听众，电影电视的观众等。但受众并不是消极地接受信息，而是积极地寻求信息为己所用。这就要求，做好理论传播工作，必须增强受众意识，深入研究受众的心理机制、理论需求和接受传播的特点，健全完善以受众为核心的传播机制，真正让理论传播入脑入心。

长期以来，在理论传播过程中，人们更重视理论本身的质量、传播者的素质和传播能力、传播媒介的建设等因素，而对被传播者主观能动性的研究则较少。实际上，理论的质量是理论传播质量的决定性因素，传播主体和传播媒介是决定传播质量的重要因素，但理论传播受众所起的作用也不容忽视。我们必须看到，理论传播受众并不是被动地接受信息，而是有一定的选择性，因而对理论传播效果具有一定的主观能动性。受众是决定理论传播效果的重要因素，只有被受众选择和接受的理论传播才是有效的理论传播。在理论传播中，如果自说自话、不适应受众的需求，传播效果就会大打折扣。只有积极适应理论传播受众的变化，不断创新理论传播话语方式、理论传播机制、理论传播媒介，不断采用新的传播技术和手段，才能不断提高理论传播的有效性。

但是，与大众传播相比，理论传播有自身的特殊性。在理论传播中，既要考虑受众的需求和喜爱，更要加强教育和引导，决不能受众喜爱什么理论我们就传播什么理论。

二、理论传播受众构成

让党的创新理论“飞入寻常百姓家”，这意味着社会大众都是党的创新理论传播受众；让世界了解中国，一个重要的方面就是让世界了解党的创新理论。从这个角度看，理论传播受众和大众传播受众是高度一致的。但是，从传播要求上看，理论传播受众是分层的，对不同的理论传播受众群体有不同的传播效果要求，其传播内容、传播方式等都有所区别。

领导干部。中国共产党是马克思主义政党，一刻也离不开理论思维。作为党员领导干部，特别是中高级领导干部，必须掌握马克思主义立场观点方法，成为理论武装的排头兵。领导干部既是理论传播的重要主体，又是理论传播的重要受众，理所应当大力弘扬马克思主义学风，把全面系统学习与干什么学什么、缺什么补什么结合起来，先学一步、学深一些，坚持不懈读原著、学原文、悟原理，在真学、真信、真用、真行上下功夫，不断提高理论学习的针对性和实效性，不断提高马克思主义理论水平，不断提高运用科学理论解决实际问题的能力，做到学思用贯通、知信行统一。对党员领导干部的理论传播主要是理论学习中心组学习、党校学习、理论宣讲等，当然也包括阅读报刊网和移动媒介、收听广播、观看电视电影等大众传播方式，但重点是抓好专门学习和专门传播。

共产党员。党员是理论传播受众中的主体部分。党章规定，党员必须认真学习马克思主义和马克思主义中国化的最新成果，用党的创新理论武装头脑，接受党组织的教育。党员，既要和社会大众一样，通过阅读报刊网和移动媒介、收听广播、观看电视电影等大众传播方式接受理论传播，更要接受基层党组织开展的面向全体党员的经常性理论教育。认真执行“三会一课”等制度，将党支部开展的组织生活与党员的理论学习紧密结合起来，联系基层党组织工作实际和党员的思想实际，定期开展理论学习，进行讨论交流，确保理论学习触及心灵、收到实效。

人民群众。让党的创新理论“飞入寻常百姓家”，必须持续抓好马克思主义中国化最新成果的宣传普及工作，努力做到深入人心、落地生根。坚持以多样化的形式抓好面向社会各界、各领域的宣传普及工作，实现宣传全覆盖。把握网络和移动终端带来的媒介变化趋势，关注人们尤其是年轻一代获取信息、接受知识的途径、偏好和方式等正在发生的深刻变化，注重以直播、视频等现代化手段提升理论传播的影响力和有效性。重视宣传对象的大众化，让理论传播以通俗易懂的方式、百姓喜闻乐见的形式呈现出来，增强人民群众对党的创新理论的情感认同。

国外公众。党的创新理论是马克思主义中国化的最新成果，是当代中国马克思主义、21世纪马克思主义，也是国际社会了解当代中国的一把金钥匙。做好针对国外公众的理论传播工作，对于国外公众了解中国共产党对内如何治国理政、对外如何促进和平发展等都具有重要意义。对外理论传播必须主动宣介党的创新理论，深入阐释好中国道路、中国特色，讲好中国故事，传播好中国声音。要利用一切机会在与国外公众互动的过程中学会同外国媒体打交道，善于在国外媒体上发出自己的声音，在不同场合、各种层面主动讲解中国传统、现状、问题和诉求，主动传播中国理念，主动发出中国声音，努力争取国际社会理解和认同我国的政策主张与发展战略，营造有利于中国和平发展、有利于人类共同进步的国际舆论环境。

三、理论传播受众需求

理论传播要切实考虑受众需求，提高传播力。传播力决定影响力，提高传播力必须创新传播手段，这是推动党的创新理论“飞入寻常百姓家”的关键环节。创新理论传播手段，就是要跟上信息化时代节拍，善用现代化传播手段，统筹线上与线下，协调理论与舆论，切实增强党的创新理论传播力和影响力。

把握受众需求，创新理论传播产品。书刊、报纸、广播、电视、网络、移动媒介等都可以传播理论。传播媒介的多样化，带来了理论传播的革命性变革，让党的创新理论“飞入寻常百姓家”成为现实。但报刊等传统媒体生产的理论传播作品的优势是权威性和思想深度，移动互联网等新媒体生产的理论传播产品的优势在于便捷性、互动性。因此，我们针对中高级领导干部和理论需求程度高的受众群体，主要“生产”理论书籍、理论文章、理论访谈等深度传播作品。针对基层党员干部，主要生产理论访谈、专家宣讲课等可视化理论传播作品。针对青年受众，生产电视理论节目、网络音频理论节目、动漫、H5（超文本5.0）、短视频理论节目等适合可视化呈现、可移动传播的理论传播作品。灵活运用各种技术手段，设计制作品种多样的新媒体理论传播产品，推动其进入QQ群、朋友圈宣传，以富有创意的产品在第一时间吸引受众注意力。

把握受众需求，创新理论传播渠道。在移动互联阶段，文字阅读受众面在缩小，而图片、视频等新传播形式更受欢迎。因此，全媒体传播时代，理论传播必须依托立体多样、融合发展的现代传播体系进行全媒体传播。对领导干部、理论工作者、中青年理论爱好者、中老年受众等，重点通过理论书籍、理论报刊等途径加强理论传播；对基层群众，重点运用理论宣讲、实践锻炼等方式进行理论传播；对广大的青少年，则主要通过移动互联方式增强理论传播效果。在坚持移动优先的基础上，充分发挥各个媒体阵地的传播作用，充分利用各种新应用、新工具、新平台，在报刊和移动互联平台综合运用多种形式，协同联动，形成传播党的创新理论的主流舆论矩阵。与此同时，还要打通这些作品的传播渠道，在传统媒体和新媒体等各个平台同时呈现，既同频共振，又各展所长。例如，在报刊上刊发的理论传播作品链接视频观看二维码，引导读者观看视频产品，在移动互联平台重点以H5、短视频等新媒体形式呈现，同时链接报刊相关二维码，让感兴趣的读者享受深度阅读的乐趣。

把握受众需求，创新理论传播载体。十四亿多人民群众对理论的需求、对理论的兴趣差别很大，要提高党的创新理论传播有效性，必须把握大多数群众不是专业理论工作者这个基本现实，不能就理论传播理论，而是要将理论搭载到其他文化载体上进行融合传播。一方面，融入电影、电视剧、戏剧、音乐、舞蹈等文化产品、文化服务、文化活动和文艺创作之中，推进乡村文化振兴、文化精准扶贫，大力培育文明乡风、良好家风、淳朴民风，用人民群众喜闻乐见的丰富多彩的文化活动传播科学理论，用科学理论引领文化兴盛；另一方面，要把握理论的实践性，努力将党的创新理论融入思想道德建设、典型宣传和精神文明创建中，融入主题教育、重大活动之中，深化和提升全社会的思想道德建设，推进新时代文明实践中心建设，引导城乡居民移风易俗，弘扬时代新风，努力使党的创新理论春风化雨、润物无声。

四、理论传播受众特点

理论传播要考虑受众特点。理论充满理性之美，是朴实无华、为广大群众喜闻乐见的思想武器。话语方式对于理论传播效果具有重要影响。推动党的创新理论往深里走、往实里走、往心里走，必须创新话语方式，用普通受众乐于接受的方式、易于理解的语言、更有感染力的表述来进行理论传播，让理论入脑入心，转化为推动工作的自觉行动。

善于用普通受众乐于接受的方式来传播党的创新理论。让党的创新理论进企业、进农村、进机关、进校园、进社区、进军营、进网络，需要针对不同受众的信息获取习惯，分别采取大众传播、群体传播、人际传播等不同的传播方式。例如，针对企业、农村、社区的党员干部群众的特点，重点采取理论宣讲等面对面的方式进行理论传播；针对机关干部、部队官兵的特点，重点通过编写理论读物、书报杂志等文字传播方式进行理论传播；针对年轻群体、网民的特点，可加强以移动互联的方式进行理论传播。其目的，都是让理论传播走深走实、入脑入心。积极研究移动互联时代受众思维习惯和心理反应机制的变化，采取开设微信课堂、微信公众号，利用村村响广播，观看宣传教育片、电影等方式，及时有效地传播，充分耐心地沟通。理论传播要坚持通俗化、大众化，善于把理论传播转换为故事传播，寓理论于情感之中，以群众身边事、身边人为案例解说理论，把理论说到群众的心坎上，增强理论传播的感染力，凝聚团结奋斗的强大力量。

善于用普通受众易于理解的语言来传播党的创新理论。理论一旦被群众掌握，也会变成物质力量。深刻了解受众的诉求和心理习惯，善于汲取群众语言智慧，针对基层受众的特点进行话语创新，将理论原理转化为群众能够接受的常识道理，将理论语言转化为受众易于理解的群众语言，努力让理论传播能够为群众所喜闻乐见。要根据网上受众理论需求多样、参与意识增强、思想观念多元等特点，灵活运用形象生动、简短精练、传播快捷的网络语言提供理论传播产品，让网络理论传播能够得到受众点赞，凝聚互联网上的强大正能量。

善于用更有感染力的表述来传播党的创新理论。理论传播要有感染力，就必须联系受众的思想实际和工作实际，能够直击受众心灵深处。因此，要紧密联系党史、新中国史、改革开放史、社会主义发展史进行理论传播，特别是要紧密联系党的十八大以来党和国家事业取得的历史性成就、发生的历史性变革进行理论传播，讲清楚党的创新理论的理论深度、实践广度、历史厚度、现实温度，不断增进受众对党的创新理论的政治认同、思想认同和情感认同。把握受众特点，强化数据、情节和细节对理论传播的支撑，让受众参与到理论传播当中，既要讲好宏观的大故事，又要讲好身边的小故事，努力把富有感染力的、有血有肉的故事挖掘出来，努力使理论传播符合传播规律、符合受众习惯、触动受众心灵。强化问题意识，积极探寻党的创新理论与基层工作的切入点、与百姓思想的结合点、与地方发展的契合点，既回答怎么看又讲清怎么办，切实提高新形势下理论传播的针对性实效性。

善于用国外受众易于接受的方式来传播党的创新理论。对外理论传播要主动宣介党的创新理论，争取国际社会对中国政策主张与发展战略的理解和认同，营造有利于中国发展和世界和平的良好国际舆论环境。向外国受众传播党的创新理论，必须做好对国际舆情热点和动向的分析研判工作，了解和掌握国际社会对党的创新理论的认知情况，聚焦国家重大战略和国际社会关注热点，着重传播党的创新理论的丰富内涵，着重传播外国受众更关心的深化改革、扩大开放等重点内容，引导外国受众正确认识中国、正确认知中国共产党。讲故事是国际传播的最佳方式。向外国受众传播党的创新理论，必须加强国际传播能力建设，打造融通中外的新概念新范畴新表述，用更加有效的传播方式促进理论信息的接收、理解、分享和记忆，引导外国受众更加全面客观地认识中国思想、中国逻辑、中国理论、中国制度，让对外传播取得实实在在的效果。

第四章　理论传播内容

研究理论传播主体和理论传播受众，解决了“谁来传播”和“向谁传播”的问题之后，还要深入研究“传播什么”和“通过什么渠道传播”等重要课题。理论传播学所传播的理论，首先是中国共产党的创新理论，还包括马克思主义理论体系、马克思主义中国化理论成果，也包括党的路线方针政策，在党的创新理论指导下所取得的实践成就和涌现出来的先进典型，等等。理论传播的内容十分丰富，主要包括以下几个方面。

一、党的创新理论和基本原理

理论传播学研究的就是如何传播中国共产党的创新理论的学问，顾名思义，必须以传播党的创新理论作为根本任务，通过理论传播引导干部群众深入理解和把握党的创新理论的核心要义和理论来源，更好地用党的创新理论武装头脑，指导实践工作。

深入学习贯彻习近平新时代中国特色社会主义思想。理论传播的首要任务是传播习近平新时代中国特色社会主义思想，用这一思想武装全党、教育人民。这就要求我们加强系统策划，组织刊发有思想高度、理论深度、实践温度的重要理论文章，引导干部群众深刻理解和把握这一思想的时代背景和重大意义，深刻理解和把握这一思想的理论品格和实践要求，深刻理解和把握这一思想的精神实质和丰富内涵，深刻理解和把握这一思想贯穿的马克思主义立场观点方法，真正掌握共产党人的看家本领。我们要通过理论传播推动党的创新理论进一步入脑入心，引导干部群众更加自觉地用党的创新理论指导解决思想问题和工作问题，为实现中华民族伟大复兴的中国梦不懈奋斗。

深入学习掌握马克思主义理论体系。马克思主义是关于全世界无产阶级和全人类彻底解放的学说，由马克思主义哲学、马克思主义政治经济学和科学社会主义三大部分组成，是马克思恩格斯于19世纪40年代创立并在实践中不断丰富和发展的指引人民实现自身解放的思想体系，创造性地揭示了人类社会的发展规律，指引着人民改造世界的行动。理论传播必须注重传播马克思主义。要通过对马克思主义基本原理的传播，引导干部群众原原本本学习和研读经典著作，努力把马克思主义立场、观点、方法学到手。要通过传播马克思主义经典作家生平事迹、思想历程等，强化受众对马克思主义的情感认同。要在大力传播马克思恩格斯思想、理论、事迹的同时，加强对列宁等经典作家思想、理论、事迹的传播。要通过对马克思主义基本原理的传播，引导干部群众坚定马克思主义信仰，坚定不移走中国特色社会主义道路。

深入学习掌握马克思主义中国化理论成果。马克思主义中国化，就是将马克思主义基本原理与中国实际情况相结合，从而探索出适合中国国情的社会主义革命和建设道路；就是把马克思主义基本原理同中国实践、中国历史、中国文化结合起来，使马克思主义在中国实现具体化；就是运用马克思主义解决中国革命、建设和改革的实际问题，把中国革命、建设和改革的实践经验提升为理论，不断丰富和发展马克思主义。一百年来，以毛泽东同志为核心的党的第一代中央领导集体，把马克思列宁主义基本原理同中国革命具体实践结合起来，创立了毛泽东思想；以邓小平同志为核心的党的第二代中央领导集体，逐步形成了建设中国特色社会主义的路线方针政策，创立了邓小平理论；以江泽民同志为核心的党的第三代中央领导集体，在建设中国特色社会主义的实践中，形成了“三个代表”重要思想；以胡锦涛同志为总书记的党中央，根据新的发展要求，形成了以人为本、全面协调可持续发展的科学发展观。毛泽东思想、邓小平理论、“三个代表”重要思想、科学发展观，都是马克思主义中国化的重大成果。做好理论传播工作，要着力传播好马克思主义中国化成果，引导干部群众坚定中国特色社会主义共同理想，坚持以经济建设为中心，乘势而上书写建设社会主义现代化强国的新篇章。

二、党的创新理论的实践成果

提高中国共产党的创新理论传播的有效性，必须弘扬理论联系实际的马克思主义学风，着眼于我们正在做的事情，着眼于建设中国特色社会主义的伟大实践，着力传播党的路线方针政策，传播理论指导实践取得的伟大成就和理论指导实践产生的先进典型，引导干部群众正确认识面临的形势和任务，增强对党的创新理论的情感认同，凝聚实现中华民族伟大复兴中国梦的强大正能量。

深入学习贯彻党的路线方针政策。党的路线是指党认识世界和改造世界的根本准则，是党在思想、政治、组织等各个方面所遵循的根本准则，包括党的思想路线、政治路线、组织路线、军事路线等。党的方针是指党指引事业向前发展的纲领，指导事业前进的方向和目标，包括党的经济工作方针、文化工作方针、对台工作方针等。党的政策是指党对在一定时期内应该达到的奋斗目标、遵循的行动原则、完成的任务、实行的工作方式、采取的一般步骤和具体措施等方面的规定，包括财政政策、文化教育政策、宗教政策、民族政策、外交政策等。党的路线方针政策本身既是党的创新理论的重要组成部分，又是党的创新理论指导实践的重要成果，还是党的创新理论的重要来源。做好党的创新理论传播工作，就要传播好党的路线方针政策。理论传播必须体现党的意志、反映党的主张，坚持把政治方向摆在第一位，坚持把传播阐释党的理论和路线方针政策作为重要任务，努力把党的理论和路线方针政策变成人民群众的自觉行动，巩固全党全国人民团结奋斗的共同思想基础。

深入把握当前面临的形势和任务。形势是指当前面临的发展环境及其变化趋势，包括机遇和挑战等综合情况。任务是当前和今后一定时间内担负的职责和使命。唯有准确把握形势任务，我们才能科学施行对策，有效解决问题，推动事业发展。应该说，形势和任务本身不是理论的组成部分，但是与党的创新理论紧密相连。将当前的形势和任务传播给党员干部群众，对于受众准确理解和把握党的创新理论具有重要意义。因此，要把形势任务教育作为凝聚共识、坚定信心、鼓舞士气的法宝，为实现中华民族伟大复兴的中国梦提供精神力量。当前，意识形态领域形势依然复杂严峻，理论传播工作要有针对性地做好思想理论引导，画好最大的思想同心圆。将形势和任务传播给党员干部群众，要坚持把习近平新时代中国特色社会主义思想作为度量衡，紧紧抓住人们普遍关注的深层次思想认识问题，策划推出更多干部群众喜闻乐见的文章，传达正确的立场、观点、态度，有效引导舆论，帮助干部群众明辨是非，提高思想觉悟。要调研先行，深入一线，通过问卷调查、现场咨询，掌握受众思想动态，力求做到把准脉搏，有针对性地策划受众喜闻乐见的活动，精心准备宣讲材料，面对面开展形势任务教育活动。利用中心组学习会等阵地，及时宣传当前面临的各种形势，有针对性地进行形势任务教育，激发受众参与热情和积极性，做到形势任务教育入脑入心。要围绕干部群众的思想实际和工作实际，精心策划选题，科学设置议题，用深刻的理论阐释和生动的话语表达，及时回应干部群众的思想关切。

深入广泛地传播理论指导实践取得的伟大成就。团结稳定鼓劲，正面宣传为主，是做好理论传播工作的重要遵循。理论和实践紧密相连。实践是检验真理的唯一标准。理论传播不能就理论传播理论，而必须注重传播理论指导实践取得的伟大成就来印证理论，必须传播理论接受实践检验的情况从而增强理论传播的有效性。通过对理论指导实践取得的伟大成就的传播，让干部群众有更多获得感，增强精神力量，振奋士气，鼓足干劲，汇聚强大的社会力量，营造融洽和谐的干事创业环境。理论传播必须弘扬和践行理论联系实际的马克思主义学风，走进生产生活一线，深入改革发展前沿，聚焦党的创新理论指导改革发展稳定各项工作的成功实践，聚焦基层干部群众运用党的创新理论的创新创造，用鲜活的事实、典型的案例，充分反映思想理论界研究阐释党的创新理论的新进展、新成果，充分反映干部群众掌握和运用党的创新理论的新成效、新气象，充分反映党的创新理论在中国大地落地生根、开花结果的生动局面，在把握理论与实践的逻辑中充分展示党的创新理论的实践伟力，使党的创新理论成为干部群众政治上的主心骨、思想上的定盘星、行动上的指南针。理直气壮地辨析和批驳那些危害政治安全的错误思潮、挑战政治底线的错误观点言论，引导干部群众认清其本质危害，自觉抵制错误思想的侵蚀，坚守思想底线和政治底线。

深入广泛地传播理论指导实践产生的先进典型。榜样的力量是无穷的。用典型宣传指导和推动工作，是十分重要的工作方法。在马克思主义中国化理论创新成果的指引下，在革命战争年代涌现了狼牙山五壮士、董存瑞等先进典型，在社会主义建设时期涌现了雷锋、王进喜等先进典型，在改革开放新时期涌现了孔繁森、杨善洲等先进典型，在新时代涌现了廖俊波、黄旭华等先进典型，每一位先进典型都是人民群众心中的一面旗帜，对推动党的事业发展、引领社会风尚发挥了重大作用。通过典型宣传，我们可以引导干部群众看主流、看本质、看到光明前景，凝聚起建设社会主义现代化强国的强大力量。先进典型的传播和伟大成就的传播一样，对于增强理论传播的有效性具有重要意义。在新时代，加大对先进典型的传播力度，要扎实推进公民道德建设工程，广泛开展学习先进典型、评选道德模范等活动，激励人们崇德向善，鼓励全社会积善成德，培育良好社会风尚，不断提高全社会文明程度。要广泛传播在深化改革开放中涌现出来的先进人物和感人事迹，在精神文明建设活动中涌现出来的先进典型和感人故事，尤其要注重发掘、推广那些健康向上、催人奋进的先进典型，用群众喜闻乐见的方式进行传播，让主旋律入心入脑，让正能量越来越多。

三、党的创新理论的相关知识

提高中国共产党的创新理论传播的有效性，我们必须深入学习党史、新中国史、改革开放史、社会主义发展史（简称“四史”），从而深刻理解和把握党的创新理论是如何创造出来的，更加自觉地用党的创新理论武装头脑，指导实践，推动工作；还要深入学习弘扬中华优秀传统文化，学习借鉴人类文明创造的有益成果，从而更深刻地体悟到党的创新理论是一个博大精深、融会贯通的理论体系，是一个指引中国、惠泽世界的理论体系。

深入学习传播党史、新中国史、改革开放史、社会主义发展史。党史、新中国史、改革开放史、社会主义发展史是最好的教科书，是党员干部的必修课。学习“四史”对于传播党的创新理论意义重大而深远。广泛深入地开展“四史”学习教育，目的就是要引导干部群众在思想深处理解和把握中国共产党为什么能、马克思主义为什么行、中国特色社会主义为什么好，从而更加深刻地理解和把握党的创新理论。党史、新中国史、改革开放史、社会主义发展史的传播，对于增强受众理解和把握党的创新理论，具有重要意义。广泛深入地传播党史、新中国史、改革开放史、社会主义发展史，就是要引导干部群众回看走过的路、比较别人的路、远眺前行的路，深刻认识红色政权来之不易、新中国来之不易、中国特色社会主义来之不易，切实做到理论上清醒和政治上坚定；就是要把握正确方向、创新内容形式，充分发挥红色资源优势，灵活运用各种载体方法，从历史中汲取精神力量、汲取经验智慧、汲取坚守人民立场的定力，坚定不移地做好自己的事情；就是要结合正在进行的伟大实践，不断检视和滋养初心，巩固和升华理想信念，锤炼忠诚干净担当的政治品格，始终和人民群众想在一起、干在一起；就是要充分认识中国特色社会主义事业发展的无限潜力、光明前途、重大意义，坚持把为人类作出新的更大的贡献作为自己的使命，构建人类命运共同体，为人类进步事业而不懈奋斗。

深入学习弘扬中华优秀传统文化。弘扬中华优秀传统文化，对深化党的创新理论的理解和把握具有重要意义。我们必须加强对中华优秀传统文化的挖掘和阐发，使中华文明基因与当代文化相适应、与现代社会相协调，让跨越时空、超越国界、富有永恒魅力、具有当代价值的中华优秀传统文化之花盛开在中国大地上，用花香滋润世界。传播中华优秀传统文化，必须增强文化自信，运用马克思主义立场观点方法，通过学校教育、理论研究、历史研究、影视作品、文学作品等多种方式，讲清楚中华文化积淀着中华民族最深沉的精神追求，讲清楚中华优秀传统文化是中华民族的突出优势，讲清楚中国特色社会主义植根于中华文化沃土、反映中国人民意愿、适应中国和时代发展进步要求。树立和坚持正确的历史观、民族观、国家观、文化观，综合运用各类载体，统筹各方面力量，融通多种媒体资源，大力实施中华文化新媒体传播工程，促进中华优秀传统文化创造性转化、创新性发展，赋予中华优秀传统文化新的含义，引导干部群众增强民族自信心和自豪感。

借鉴并传播人类文明创造的有益成果。理论传播的一项重要任务是引导人们更加全面客观地认识当代中国、看待外部世界。因此，传播人类文明创造的有益成果，对于受众理解和把握党的创新理论同样具有重要意义。理论传播要注重传播人类文明创造的有益成果。对国外的东西，我们要坚持洋为中用，以海纳百川的胸怀对世界各民族优秀传统文化兼容并蓄，为我所用。深刻认识到不同国家和民族因各具特色的历史传统、文化积淀、基本国情，而选择不同的发展道路。及时传播世界形势的发展变化，及时传播世界上出现的新事物新情况以及新思想新观点新知识，以利于干部群众积极借鉴人类文明创造的有益成果。

第五章 理论传播作品

政治上的坚定、党性上的坚定，都离不开理论上的坚定。中国共产党之所以能够历经艰难困苦而不断发展壮大，很重要的一个原因就是我们党始终重视思想建党、理论强党。因此，写好理论文章，是一项十分重要的工作。要把理论文章写好，就必须既符合一般作品的特征，又符合理论作品的特殊要求。这就要求我们深入探讨研究理论作品的特征，不断提高理论作品的质量。

一、理论传播作品的四种形态

加强理论传播，对党员干部群众关心的热点难点问题给予及时回答，对当代中国正在发生的历史性变革和取得的历史性成就加以系统地阐释和说明，对西方的一些理论议题、理论概念进行有力的理论辨析和理论引导，具有十分重要的意义。最早的理论传播作品可以从标语算起。千百年来，中国逐步形成了四种理论作品形态。

文字理论作品。它用文字和图画的形式传播党的理论，是理论作品的基本形态，既包括理论文章、理论图书、理论标语等纯文字作品，也包括理论招贴画、理论漫画等作品。其中，理论文章是理论作品最基本的形态。理论文章是为宣传阐释党的创新理论和党的路线方针政策、研究理论和实践问题、论述道理、发表见解而撰写的文章，包括政论文章、评论文章、调查报告、杂文、心得体会等。理论图书既包括多篇理论文章组成的理论文集，也包括就某个重大理论和实践问题进行深入阐释形成的系统论述，是理论文章的体系化、系统化。理论口号和标语在理论传播中具有巨大的穿透力，例如，革命年代的“打土豪分田地”，建设年代的“楼上楼下电灯电话”，改革年代的“实践是检验真理的唯一标准”，新时代的“实现中华民族伟大复兴的中国梦”，都对教育群众、凝聚群众、组织群众发挥了巨大的理论动员作用。随着读图时代的来临，一些理论工作者将图画、漫画等新的表现形式引入理论传播中，以更具视觉冲击力和吸引力的作品传播党的创新理论，在青少年中产生了较好的传播效果。

音频理论作品。最早的人际传播是声音传播。在声音传播很久很久之后，人们之间才有图画传播，然后才有文字传播。理论传播中最能够打动人心的往往是音频传播。音频理论作品，不仅包括广播电台的广播理论节目，而且包括党组织领导人的重要讲话、理论学习中心组的理论学习、面向群众的理论宣讲、大中小学思想政治理论课教学等。广播理论节目是音频理论传播的基本形态，节目录音可以反复播放，形成固态化的作品形式。提前准备、精心设计的领导讲话、理论中心组学习发言、理论宣讲、思想政治理论课等，录制下来，成为可以反复播放的音频理论作品。与阅读的感受不同，聆听特别是当面聆听有一种亲切感，更容易入脑入心。由于收听广播比阅读书报所要求的文化程度门槛低一些，还可以一边劳动一边收听，所以，它比阅读书报更受劳动者欢迎。正是因为这些，广播，特别是农村的大喇叭，越来越成为工人和农民接受党的创新理论的重要渠道。

视频理论作品。与阅读书报不同，视频传播能够看到传播主体的表情和形态，对于传播受众来说，更具亲和力和吸引力。视频理论作品首先是电视台制作的电视理论节目，也包括根据党校教学、理论学习中心组学习、理论宣讲、思想政治理论课等制作的理论视频作品。这些视频作品既可以在电视台传播，也可以放在网络上传播。对于音频作品而言，视频作品增加了信息和容量，更为理论传播受众欢迎。

融媒体理论作品。近些年来，随着移动互联技术的发展和普及，理论传播发生了革命性变化，集平面、音频、视频等传播形态于一体的融媒体理论作品应运而生，并呈现后来居上之势。这种融媒体理论作品，既可以看电子书、电子刊，又可以听广播，还可以看视频，受众到哪里，传播就跟随到哪里，而且可以很方便地在不同形态之间切换。这样，凡是有移动互联网的地方，人们可以非常方便地接受理论传播和理论武装，真正做到了让党的创新理论“飞入寻常百姓家”。

二、理论传播作品的内容特征

理论终归是要为群众所掌握，如此才能真正发挥作用。理论传播所要传播的是思想理论，突出鲜明的思想性、理论性，是理论作品生产的核心要求。我们必须看到，四种形态的理论传播作品都很重要，但各种形态的理论作品的基础都是理论文章。理论文章写得好了，音频作品、视频作品、融媒体作品才有坚实的基础。写好理论文章，必须具备较高的思想理论修养、严谨的逻辑思维、扎实的语言功底，特别是要善于运用群众语言阐述理论问题。要让理论文章把道理讲透，让读者读得懂、喜欢读，必须在提炼论点、充实论据、优化论证上下更大的功夫。

撰写理论文章要在提炼正确、鲜明、具有科学预见性的论点上下功夫。首先，撰写理论文章必须运用马克思主义世界观和方法论，坚持实事求是，坚持一切从实际出发，客观、全面、历史地分析经济社会发展中的现实课题，提炼出符合马克思主义立场观点方法的论点，确保论点正确。其次，论点鲜明、锋芒锐利是写好理论文章的基本要求。我们党所进行的一切宣传工作，都是生动的、鲜明的、尖锐的，毫不吞吞吐吐。理论文章赞成什么、反对什么、肯定什么、否定什么，必须旗帜鲜明、毫不含糊。要提炼出吸引人的理论观点，必须坚持从当代中国经济社会发展的实际出发，了解群众所思所盼，适应时代需求，解放思想，勇于创新，提炼出能够解释和解决现实问题的鲜明理论观点。再次，马克思主义理论的一个显著特点是具有科学预见性。理论文章的论点也必须有科学预见性，能够引领时代发展。这就要求在撰写理论文章时深入分析研究经济社会发展的历史与现状，从理论高度对事物发展趋势做出合乎规律的估计与判断，科学地揭示事物发展规律，指引前进的方向。

撰写理论文章要在充实确凿、典型、具有说服力的论据上下功夫。理论文章中的论点要能够被人接受、令人信服，必须运用真实确凿、充分可靠的论据来证明论点，从而让读者体悟到真理的力量。首先，理论文章必须善抓要害，一语中的，以无可辩驳的确凿论证充分证明论点的正确性。理论文章的文风要善用事实论据，坚持以事实来说话，将理论观点建立在对事实进行调查了解和分析研究的基础之上，坚持摆事实讲道理，努力让读者了解并接受理论文章中的思想观点。例如，运用展示新中国发展成就的确凿数据来论证中国共产党领导人民创造了世所罕见的伟大奇迹，就十分有公信力和说服力。其次，选择说明论点的论据时，要注意运用那些典型、有代表性的论据来证明论点。例如，在论述新中国创造了世所罕见的经济快速发展奇迹这个重要观点时，运用新中国在较短时间内创造了多个世界第一这个典型论据，就可以增强论点的可接受性和说服力。再次，理论论证要注重内在逻辑，让论据和论点之前存在必然的逻辑演进。在注重运用事实论据的同时，还要恰到好处地使用理论论据，通过适当地运用理论论据来增强理论文章的说服力。

撰写理论文章要在优化论证方法上下功夫。理论文章不仅要论点正确、论据充分，还要善于使用严密、科学、合乎逻辑、灵活多样的论证方法来揭示论据和论点之间的必然联系，从而增强理论力量。事实胜于雄辩，例证法是理论文章中使用最多的一种论证方法。为了使人们接受思想理论观点，理论文章不能讲空洞的大道理，必须善于用事实说话，让读者信服。理论文章还要善于分析综合，借助对事理的剖析来揭示事物的因果关系，以思想的力量、逻辑的力量使读者信服。在理论文章中，引证演绎方法的运用也是必不可少的。恰到好处的巧妙引证，可以起到画龙点睛的作用。运用对比的手法来讲清道理，也是理论文章惯用的论证方法。驳论方法运用得当，也可以给理论文章增光添彩。

三、理论传播作品的语言特征

理论文章和其他文章既有共同遵循的要求，也有一些自己的特征。把握好这些特征对于撰写好理论文章，具有十分重要的意义。

简练。对于理论传播来说，长篇大论的效果往往比不上深入浅出、直击人心的短文。言简意赅是理论文章的一个显著特征。写短而精的文章，是中华文化的一个优秀传统。古人强调惜墨如金，要求写作“言简而理周”。理论文章要高度概括、科学严密，用简约的文字蕴含丰富的内容，通过精短的文字把内容深奥的理论阐述得明白晓畅、直截了当，真正做到简明扼要、字字千钧。理论文章既要简短，使人们顷刻间能看完；又要精警，使人们看了就留下深刻印象。理论文章要以特别精练的语言、特别生动的表述，增强话语的表达力和影响力，将党的创新理论和党的路线方针政策中的重大问题讲透、讲实、讲到群众的心坎上，真正做到家喻户晓、妇孺皆知。例如，对中国共产党过去100年奋斗历程和未来奋斗目标，用“站起来”“富起来”“强起来”三个关键词进行高度概括，一下子就能够抓住干部群众的心，听得懂、记得住、鼓舞人。

生动。向干部群众阐释抽象的道理，绝不是一件轻轻松松就可以做好的事情。理论文章阐述思想观点，就是为了解决现实问题。只有当人民群众真正理解和把握党的理论，并把理论化为指导实践的指南时，理论的巨大威力才能真正显现出来。因此，理论文章在阐述思想观点时必须注重语言的通俗易懂，恰当地运用修辞手法，以使文章生动活泼。这就要求撰写理论文章时善于运用比喻方式，用群众喜欢听、愿意听、听不够的语言，将深奥理论、抽象道理解释得明明白白。例如，在阐释中华民族一家亲这个道理时，用“五十六个民族要像石榴籽一样紧紧地抱在一起”这个生动形象的比喻，在各族人民心中产生强烈共鸣。再如，在阐述坚定理想信念的重要性时，讲述陈望道在翻译《共产党宣言》时蘸着墨汁吃掉粽子的故事，就能够让党员干部群众体悟到真理的力量、信仰的力量。

朴实。理论文章不能从理论到理论，而是用理论指导实践，语言必须务实、尚实、求实，起笔重在针对实际情况，立意重在解决实际问题，努力做到出实策、鼓实劲、办实事，努力做到不图虚名、不务虚功。撰写理论文章不能高高在上、故作高论，而是要和读者交朋友，善于用朴实的语言介绍读者感兴趣的故事，娓娓道来，平易近人，如春风化雨，直击心灵，润物于无声之中，让人在不知不觉间受到感染，尽显思想理论的魅力。例如，用“国家好，民族好，大家才会好”来阐明个人与集体的关系，用“块头大不等于强，体重大不等于壮”来妙喻自立自强的重要性，用“鞋子合不合适，自己穿了才合适”来强调中国特色社会主义道路选择的坚定性，这些生动活泼、朴实厚重的语言，能够在干部群众心中产生深刻印象。

鲜活。理论文章要善于从前人留下的思想宝库中汲取治国理政的珍贵滋养，从人类创造的最新文明成果中寻找登高望远的思想阶梯，巧用典故使语意的蕴含更为丰富。这就要求撰写理论文章时适当引用一些古今中外的格言、警句、古语和诗词，做到广征博引、纵横捭阖，做到古为今用、洋为中用。例如，在理论文章中引用“德莫高于爱民，行莫贱于害民”教育领导干部坚持以人民为中心的发展思想，引用“不受虚言，不听浮术，不采华名，不兴伪事”来引导领导干部做实在人，引用“历览前贤国与家，成由勤俭败由奢”来告诫领导干部强化家风家教，都能够在党员干部心中产生强烈共鸣。

四、理论传播作品的版权特征

与文学作品、新闻作品等相比，理论传播作品有一些特殊之处，反映在版权上也有一些特征。把握这些特征对于写好理论传播作品，提高理论传播有效性具有重要意义。

第一个特征是传播公益性要求相对较高。理论传播作品是中国共产党的创新理论和党的路线方针政策的传播载体，政治性是第一位的要求，公益性是其显著特征。理论传播作品要旗帜鲜明讲政治，确保政治导向正确，主题鲜明，学之有益。在版权上的鲜明特色就是公益性。作品定价以及版权费用都显著低于文化产业产品。报纸上的理论文章被兄弟报刊转发，被不属于一个单位的不同网站、融媒体等转发，是否收取版权费，如何收取版权费，都应该有不同于一般文学作品、新闻作品的规定，做到既保护创作者和制作单位的积极性，又保护广大理论传播受众的可及性和便利性。特别是，一些商业性的收费网站，将别人创作的理论传播作品收录后，既不给作者稿酬，反而对使用者收取使用费，甚至连作者本人使用都需要付费，这种情况显然需要采取有针对性的措施加以改变。

第二个特征是复制比相对较高。理论传播的目的是传播党的理论和党的路线方针政策，而不是传播理论传播者本人的见解。

因此，理论传播文章中适当引用重要讲话和重要文件是十分重要和十分必要的。但是，如果全都照搬照抄，而且可能抄不完整或者抄乱了，那就没有必要发新的文章。因此，理论传播作品必须忠实于所要传播的理论，适度适当引用原著原文，并根据其思想原理作出深入浅出的阐释，让更多读者学懂弄通。同样是阐释文章，互相之间的引用则需要符合学术规范要求。理论传播作品出现版权纠纷，会影响理论传播主体在干部群众心中的形象，从而极大地影响理论传播的公信力。需要指出的，即使是纯学术的文章，也不是说复制比越低就越好。人们看学术文章，还是需要了解在这个选题上哪些人作出了哪些贡献，而不仅仅是了解作者自己成千上万字的见解。因此，在版权界定上，既要考虑理论传播作品的特殊性作出相应安排，又要遵守一般性的版权规定，防止和杜绝抄袭现象。

第三个特征是集体作品相对较多。和文学创作大多是个人创造有所不同，理论作品中相当一部分是集体创作的结晶。理论文章有一部分是集体创作的，理论图书则有相当大部分是集体创作，特别是宣传类图书，集体编写显然比个人专著更快速、更准确。音频理论作品和视频理论作品更是包括文稿撰写者、播音员、主持人、录音员、录像员以及众多节目参与者和工作人员集体创作的作品。思想政治理论课、理论学习中心组学习、理论宣讲等形成的音视频理论作品的参与人员更为广泛。这些集体创作形成的理论作品，如何通过界定版权和知识产权，来调动各方参与者的积极性，提高理论传播作品质量，是一个值得探讨的新课题。

第六章 理论传播媒介

中国共产党在其自身建设方面有着丰富的经验，党的理论根据社会发展、实践深化不断创新和发展。大众媒介作为信息传播的有效工具，承担着有效传播党的创新理论的重任。在新的历史条件下，我们要高度重视传播媒介在传播党的创新理论中的重要作用，深刻把握媒介建设规律，将传统的党的理论传播方式和崭新的传播方式进行融合，通过充分发挥各类传播媒介的功能作用，不断提高理论传播质量，让党的创新理论在广大群众中生根发芽、开花结果。

一、大众传播媒介概述

传播媒介是传播内容的载体，也被称为传播渠道、传播工具等，是指图书、报刊、广播、电视、网络、微信、微博等传递信息的载体，有时也指报刊社、电视台、网站等从事信息采集、选择、加工、制作和传输的机构。理论传播媒介是指传播理论内容的载体。传播媒介既包括传统的传播媒介，如图书、报刊、广播、电视，也包括学习强国平台、微信公众号等新媒介，还包括理论学习中心组、党校教学、学校思想政治理论课、新时代文明实践中心等理论传播专有媒介。

做好理论传播工作需要把握传播媒介发展趋势。符号、语言、文字的出现，带来了人际传播。人际传播的逐步发展，形成了大众传播。大众传媒媒介和大众传播相伴而生。大众传播媒介大致可分为图书、报刊、广播、电视、网络、新媒体等。纵观人类传播发展史，每一种新的传播媒介的诞生都会带来传播方式的重要变革，提升传播速度，扩大传播范围，促进原来在相对窄的范围内传播的信息传得更开、传得更远。但是，新型传播媒介的产生并没有完全取代原有传播媒介，反而会促进原有传播媒介进一步创新发展。各种大众传播媒介总是在发展中扬长避短，吸收和借鉴其他媒介的优势，实现融合发展，不断改变人类传播的格局，不断从单通道传播走向融合传播。做好党的创新理论传播工作，要根据理论传播受众的特点和传播媒介的优势，综合运用各种大众传播媒介，不断提升理论传播的有效性。

做好理论传播工作需要把握传播媒介的基本特征。把握传播媒介实体性的特征，提高报刊印制质量，强化音频和视频传播渠道建设，为提高理论传播质量打好物质基础。把握传播媒介中介性的特征，打通理论传播主体和理论传播受众之间的信息交流渠道，提高理论传播速度，扩大理论覆盖面。把握传播媒介负载性的特征，高度重视传播媒介所负载的文字、图片、音频信号、视频信号等传播符号的质量，从而更好地完成理论传播的使命。把握传播媒介还原性的特征，确保传播媒介在传播过程中能够保持所负载符号真实可靠不走样，防止扭曲所传播的理论信息。把握传播媒介扩张性的特征，用好传媒媒介特别是新型传播媒介链式传播的特征，将理论传播内容更加广泛地传播出去，为更多受众所共享。

做好理论传播工作需要把握传播媒介的载体特性。传播媒介是传播内容的媒介，反映的是物质本身特点和存在形貌。例如，理论家的想法是一种思想信息，写成文章就变成理论传播的内容，而印有理论文章的图书、报纸、杂志就是理论传播媒介。不同的传媒媒介的载体特性是不一样的，图书、报纸、杂志等传播媒介进行的是文字传播，广播进行的是音频传播，电视进行的是视频传播，网络和新媒体进行的则是包括文字、音频、视频在内的综合传播。文字传播、音频传播、视频传播、综合传播等不同的传播形式与各种传播媒介之间形成不同形式的配合运用。每一种传播方式都可以适用于多种传播媒介，而每一种传播媒介也可以采用多种传播方式。例如，文字传播形式可以运用图书、报刊等传播媒介；网站传播媒介也可以运用文字、音频、视频等传播形式。因此，在理论传播中，要把握好各种传播媒介的载体属性，根据传播的内容和传播受众的特点，综合运用多种传播媒介，以提升理论传播的质量和效益。

做好理论传播工作需要高度重视组织传播。理论传播不同于新闻、广告等大众传播，在运用大众传播媒介做好党的创新理论传播的同时，必须更加注重组织传播。组织传播是人们按照相关要素和一定方式所联结组成的系统内部的传播，主要指组织成员之间、组织内部机构之间、组织与更大的社会环境之间的信息交流和沟通。党的创新理论的传播，更为注重通过召开各级党委（党组）理论学习中心组学习会、阅读文件、理论宣讲、党校和高校授课等方式来展开。但随着现代传播技术的发展，一方面，组织传播越来越多地用到电视、网络等新的传播媒介；另一方面，通过电视、网络直播来传播理论学习中心组学习会的内容，又成为通过大众传播媒介向社会大众传送理论信息的过程，变成了一般意义上的大众传播。

二、理论传播的传统媒介

传统意义上的理论传播媒介可分为纸质媒介和电子媒介两大类。纸质媒介包括报纸、杂志等，电子媒介包括广播、电视、网络等，两类媒介都在理论传播中发挥着重要作用。

报纸在党的理论传播中的作用。在中国共产党的发展历程中，报纸作为理论传播工具发挥了极大作用。特别是，各级党报是我们党所特有的理论传播的重要媒介，权威性强，对于理论传播受众有很强的指引性。党报刊发的理论文章和关于党的方针政策的系列评论，能够准确反映作者的意图和理论的概貌，语言精练、通俗易懂，容易入脑入心，能够使读者得到理论武装。党报虽面向社会各阶层的群众，但其主要受众群体还是广大党员干部。它的发行对象明确，发行量大，传播面广，读者众多，具有长期保存的价值。报纸的出版频率高和定时出版的特性，使得信息传递准确而及时，因而历来是主要的理论传播媒介。党的十八大以来，报纸在理论传播中发挥着越来越大的作用，既有《学习时报》这样以传播思想理论为主旨的中央媒体，也有各省区市党校出版的理论报纸。这些以思想理论传播为主旨的报纸，主要刊发各级党员领导干部和知名专家学者学习党的创新理论的体会文章，为学习宣传阐释党的创新理论作出了积极的贡献，越来越受到读者的喜爱。《人民日报》《光明日报》《经济日报》《解放军报》等中央媒体和各省区市党委机关报等都设有专门的理论版，刊发宣传党的创新理论的文章，推动党的创新理论“飞入寻常百姓家”。

杂志在理论传播中的作用。杂志一般是针对某一专业的读者群进行理论宣传，针对性较强。杂志的有效使用期较长，保存期久，编辑精细，印刷精美，图文并茂，便于阅读。杂志具有明确的稳定的读者群体，文化层次较高，对杂志有着比较持久的兴趣。党的十八大以来，党中央机关刊《求是》深度改版，每期的第一篇文章都是习近平总书记的重要文章，并配发编辑部文章进行深度解读，进一步增强了理论传播的有效性和吸引力。中央组织部《党建研究》、中央宣传部《党建》、中央党校《中国党政干部论坛》等杂志，根据本部门本系统党员干部的特点，刊发富有针对性的理论宣传文章，在理论传播中各自独树一帜，发挥了重要作用。各级党委的机关刊物，包括内部刊物，在宣传好做法好经验的同时，也十分注重理论传播，特别注重传播理论指导实践取得的成就，为党的创新理论向基层传播作出了独特贡献。

广播在理论传播中的作用。由于不受时间和空间的限制，广播受众广泛，覆盖面大，是最为迅速及时的理论传播媒介之一。广播传播信息方便灵活，声情并茂，能够对听众形成长久的吸引力。中央人民广播电台和中国国际广播电台，特别是新闻联播等品牌节目，以及近年来兴起的理论节目，在传播党的好声音方面发挥了不可替代的重要作用，将党的创新理论送到了千家万户。特别是在边远农村地区，农民群众文化程度相对较低，阅读理论报刊图书有一定困难，大喇叭和电视等音频视频传播媒介成为农民群众接收理论信息的重要来源。在党的创新理论的国际传播中，中国国际广播电台多语种传播发挥了主渠道作用。

电视在理论传播中的作用。电视是综合传播文字、声音、图像于一体的传播媒介。党的十八大以来，电视在理论传播中的作用越来越突出，每次重大的理论创新都是首先从中央电视台新闻联播节目传播到人民大众之中的。特别是，电视上播放的领袖和人民在一起的生动画面，领袖重要讲话同期声传播，极大地增进了党员干部群众对党的创新理论的情感认同。党的十八大以来，中央电视台和各省区市电视台加强了电视理论节目创新，推出了《理论热点面对面》《党的创新理论在基层》等一大批深受群众喜爱的电视理论节目，品牌效应不断增强，覆盖面不断扩大，收视率逐步提高，成为传播党的创新理论的重要媒介。

网络在理论传播中的作用。互联网是继图书、报纸、杂志、广播、电视之后出现的传播媒介，以快速、高效的优势进一步提升信息传播速度和传播广度。互联网技术的成熟与发展，为理论传播提供了超越地域、时空限制的新媒体传播形式。党的十八大以来，网络在理论传播中发挥的作用进一步凸显，许多重大理论创新都是首先通过网络文字直播、电视直播、广播直播等形式传播开来。特别是，注重利用和发挥互联网传播容量巨大的特点和优势，在党媒网站中专门开辟理论学习专栏并建立多个理论数据库。例如，人民网建立了习近平系列重要讲话数据库，极大地方便了受众读原著、学原文、悟原理。中央党校主办的理论网发挥党校理论优势，开设《党校公开课》等品牌栏目，吸引了大量党员领导干部和青年理论骨干，在理论传播中独树一帜，成为有影响力的思想源。

三、理论传播的新型媒介

随着移动互联技术的发展，学习强国学习平台、微信公众号、政务微博等新型传播媒介出现了。这些新型传播媒介为党的思想理论传播提供了新颖便捷的渠道，更加适应现代人快节奏的生活方式。新型传播媒介之所以发展势头迅猛，主要在于其信息传播的裂变性，交互式传播使得新媒体从根本上改变了传统的媒体与受众的关系，使受众由被传播者成为自觉传播者，单向传播变成了多向互播。

学习强国学习平台在理论传播中的作用。学习强国学习平台由PC端和手机客户端两大终端组成，涉及政治、经济、文化、社会、生态、法律、历史、科技、党史、互联网等多领域多学科，以中央宣传部学习强国学习平台为主体、地方部门单位学习强国学习分平台为分支，构建了一个“集大成”的网上学习组织架构，实现“有组织、有指导、有管理、有服务”的学习，推动建设马克思主义学习型政党，引领和带动学习型社会和学习大国建设。学习强国学习平台是中国共产党重要的综合性、权威性理论学习平台，也是学习宣传党的创新理论的重要阵地，主题鲜明、重点突出、内容权威、技术先进，深受广大党员干部和群众喜爱。学习强国平台集中了主流报刊、广播、电视和网络上的理论资源，是推动传统媒体和新兴媒体在内容、渠道、平台等方面深度融合的典范，理论资源丰富，学习有组织、有管理、有评分，极大地推动了理论传播的深度和广度，进一步提高了理论传播的有效性。

更为重要的是，学习强国学习平台已经在各级党组织、政府部门、企事业单位得到广泛推广，许多地方部门单位都在学习强国学习平台上开设了学习分平台，成为展示各地各部门践行党的创新理论成果的重要窗口。

微信公众号在理论传播中的作用。随着移动互联技术的发展，越来越多的人选择将运行在手机客户端上的微信作为实时交流的社交工具。微信公众号成为自媒体的主要形式之一，它满足了用户对信息自主化、多样化的需求。许多党报党刊和部分党政机关设立了微信公众号，定期推送理论文章、理论工作动态等受众喜闻乐见的理论信息，以真理伟力和理论伟力吸引广大党员干部群众。例如，学习时报微信公众号定时推送学习时报文章，党校学员在校期间学习理论的动态和心得，进行学习交流，实现教学相长和学学相长。该微信公众号已经拥有几十万受众，多是县处级以上党员领导干部、理论工作者、理论爱好者，在传播党的创新理论上发挥着越来越重要的作用。在学习强国学习平台、理论传播微信公众号之外，还有一些理论报刊创办了自己的客户端，有的还开设了自己的微博等新兴传播媒介，并运用这些新兴传播媒介传播党的创新理论，在各自的专业领域拥有一批高质量、高黏度的受众，为党的创新理论“飞入寻常百姓家”作出了独特的贡献。

四、理论传播的专有媒介

和新闻传播不同，在报纸、杂志、广播、电视、网络、新媒体之外，还有一些理论传播特有的传播媒介。以图书为例，因其信息传播的滞后性而明显地不适合新闻传播，却因为信息传播的完整性而成为理论传播的重要媒介。另外，以传播主体和传播受众面对面交互交流为主要特征的理论学习中心组学习、理论宣讲、新时代文明实践中心等，都是让党的创新理论得到广泛和有效传播的重要媒介。

图书在理论传播中的作用。图书是党的理论传播的重要载体，具有专业性、严谨性等优势。特别是经典理论作品全集、文集等重要图书的出版和传播，能够完整准确地反映经典作家的思想，是学习马克思主义基本原理和党的创新理论的重要教材。《共产党宣言》等马克思主义经典的不断出版，哺育了一代又一代共产党人。因此，做好理论传播工作，首先要做好理论图书的出版发行工作，引导更多党员干部读原著、学原文、悟原理。特别是，党的十八大以来，《习近平谈治国理政》第一卷、第二卷、第三卷陆续出版，并在国内外广泛发行，让广大党员干部群众能够学原文、读原著、悟原理，更好地用习近平新时代中国特色社会主义思想武装头脑，指导实践，推动工作。可以说，图书是党的创新理论的重要传播媒介。这一点，与新闻传播等有显著的不同。

理论学习中心组在理论传播中的作用。理论学习中心组是党委（党组）领导班子和领导干部在职理论学习的重要组织形式，也是党的理论传播的重要渠道。党委（党组）理论学习中心组是中国共产党重要理论学习形式，主要由党委（党组）领导班子成员组成，可以根据学习需要适当吸收有关人员参加。党委（党组）理论学习中心组学习以政治学习为根本，以深入学习习近平新时代中国特色社会主义思想为首要任务，以掌握和运用马克思主义立场、观点、方法为目的，是建设学习型服务型创新型的马克思主义执政党、提高党的执政能力和领导水平的重要途径，也是中国共产党一个独特的政治优势。与报刊、广播、电视等传播媒介相比，理论学习中心组的学习更加注重面对面交流、更加注重提前自学，是最为管用高效的学习形式之一。提升理论学习中心组的学习质量，必须聚焦关键少数，提升理论学习中心组学习主体的主动性；聚焦根本任务，提升理论学习中心组学习内容的吸引力；聚焦方法创新，提升理论学习中心组学习方式的针对性；聚焦监督考核，提升理论学习中心组学习管理的实效性。

理论宣讲在理论传播中的作用。理论宣讲是理论传播的重要媒介，就是把党员干部群众组织起来，聆听理论宣讲员所进行的理论宣讲。宣讲的内容主要是党的创新理论、党的路线方针政策，以及党的创新理论带来的实践成果、群众身边的先进事迹等内容。理论宣讲在传播党的创新理论、阐释党的路线方针政策、回应群众关心关注的重大理论和实践问题、教育凝聚党员干部群众等方面发挥着十分重要的作用。让党的创新理论“飞入寻常百姓家”，必须高度重视各级讲师团建设，充分认识理论宣讲的重要作用，深刻把握理论宣讲的基本要求，认真落实理论宣讲的目标任务，不断推进理论宣讲工作创新。各级讲师团要贴近实际、创新形式、拓展需求、注重实效，不断推进宣讲理念、宣讲内容、宣讲方法、宣讲机制等创新，运用党员干部群众喜闻乐见的宣讲形式，广泛传播党的创新理论和党的路线方针政策，不断提高理论传播的实效性。

新时代文明实践中心在理论传播中的作用。新时代文明实践中心是党的十八大之后创建的基层理论传播媒介，包括各县的新时代文明实践中心、各乡镇街道的新时代文明实践所、各村社区的新时代文明站，经过试点后已经普遍建立起来，在理论传播到基层、实现党的创新理论“飞入寻常百姓家”方面发挥了重要作用。建设新时代文明实践中心的目的在于打造一个全新的传播党的创新理论的实践载体，建设传播党的创新理论的新型媒介，在推动党的创新理论往深里走、往心里走、往实里走上发挥更大作用，培养担当民族复兴大任的时代新人，凝聚同心共筑中国梦的强大力量。新时代文明实践中心具有鲜明的政治性、教育性、实践性、群众性。新时代文明实践中心第一位的任务就是组织党员干部群众深入学习习近平新时代中国特色社会主义思想，深入领会掌握其基本观点、核心理念、实践要求，掌握贯穿其中的马克思主义立场观点方法，不断增进对党的创新理论的政治认同、思想认同、情感认同，教育引导群众坚定不移听党话、跟党走。高质量推进新时代文明实践中心建设，必须坚持因地制宜、分类施策，注重体现基层特色，加强阵地建设、人才建设和机制建设，不断提高理论传播的有效性和新时代文明实践中心的吸引力。

五、理论传播的媒介功能

理论传播媒介是把党的创新理论传播到千家万户的“桥”和“船”，其基本功能是传播马克思主义意识形态，传播马克思主义中国化的最新成果，传播党的创新理论指导实践所取得的伟大成就，让党的创新理论在党员干部群众中入脑入心，不断提高党员干部群众学习践行党的创新理论的政治自觉、思想自觉和行动自觉。在实际工作中，要加强理论传播媒介建设，把这些功能和作用充分地发挥出来。

传播马克思主义基本原理，巩固马克思主义在意识形态领域指导地位。对马克思主义的信仰，对社会主义和共产主义的信念，是共产党人的政治灵魂，是共产党人经受住任何考验的精神支柱，更是共产党人安身立命的根本。党的理论传播媒介的首要功能就是全面传播当代中国马克思主义、21世纪马克思主义，从而不断巩固马克思主义在意识形态领域的指导地位。实现理论强党，必须把党的思想理论建设摆在首位，在传播马克思主义及其中国化的最新成果中更好发挥媒介作用，坚持不懈地用党的创新理论武装全党、教育人民，让党员干部群众掌握马克思主义锐利的思想武器，深刻认识问题，科学分析问题，有效解决问题，从而战胜前进道路上的一切艰难险阻。

传播党的创新理论，巩固全党全国人民团结奋斗的共同思想基础。相信人民、依靠人民、为了人民，始终保持同人民群众的血肉联系，既是中国共产党人的根本立场，也是做好新时代工作的根本方法。理论传播媒介的基本功能就是传播党的创新理论和党的路线方针政策，努力把党的主张变成人民群众的自觉行动。在新时代，我们既要用好报刊、广播、电视等理论传播的传统媒介，也要用好学习强国平台、微信公众号等理论传播的新型媒介，还要用好理论宣讲、新时代文明实践中心等理论传播的其他媒介，用群众喜闻乐见的方式传播党的创新理论，让党的创新理论“飞入寻常百姓家”。特别是，移动互联带来的新媒体传播，贴近基层，贴近群众，把党的创新理论送到了人民群众的心坎上，理论传播的质量和效果都得到了进一步提升。

传播党的创新理论的实践成果，凝聚实现中华民族伟大复兴的强大力量。理论传播媒介的功能就是通过理论传播，让人民群众掌握党的创新理论并转化成改造自然、改造社会的强大物质力量。理论传播媒介不仅要传播党的创新理论，也要传播党的创新理论指导实践而取得的实践成就，从而进一步坚定党员干部群众坚定不移走中国特色社会主义道路的信心和决心，着力把理论传播成果转化为实现中华民族伟大复兴中国梦的坚定意志。

传播党的路线方针政策，教育和引导党员干部群众明辨理论是非。政治上的坚定离不开理论上的清醒。我们要增强阵地意识，加强阵地管理，切实发挥好理论传播媒介的阵地功能，提高群众的理性思维能力，引导党员干部与各种错误思想作坚决的斗争。作为党掌握的重要阵地，理论传播要在事关大是大非和政治原则问题上敢于发声“亮剑”，不给错误思想提供任何传播和渗透渠道。要加强选题策划和议题设置，及时对错误思想观点进行批驳和澄清，帮助干部群众划清是非界限、澄清模糊认识。

传播中华优秀传统文化，用道德滋养党员干部群众心田。中华优秀传统文化是中华民族文化自信和价值观自信的所在。理论传播要积极传承中华优秀传统文化，从不同维度探求人类安身立命、持久幸福之道，倡导向上向善的生活情趣，积极引导青少年践行社会主义核心价值观，向受众传递艰苦奋斗的幸福观，用中华传统道德滋养个人之德、家庭之德、社会之德、国家之德。

六、理论传播的媒介建设

加强理论传播媒介建设是一件事关意识形态领域斗争的大事，对于更好地传播党的创新理论、巩固扩大宣传思想文化阵地意义重大。加强理论传播媒介建设，必须坚持党的领导，在体制机制、资金人才等方面加大改革创新力度，努力把党的各级各类理论传播媒介建设成为坚强的思想宣传阵地。

切实加强党的领导。党的理论传播是一项政治性很强的意识形态工作，必须旗帜鲜明讲政治，坚持党管宣传、党管意识形态，切实加强党对理论工作的全面领导。各级党委必须自觉承担起加强媒介建设的政治责任和领导责任，加强对理论传播工作的统一领导，紧紧围绕学习宣传党的创新理论这一核心任务开展工作，紧紧围绕服务经济社会发展这个中心进行理论阐释和思想引领。各级各类理论传播机构都要坚持以政治建设为统领，把统一思想、凝聚力量作为理论传播的中心环节，不断提高理论传播的质量和水平。要坚持把理论传播媒介建设作为意识形态责任制建设的重要一环，将其纳入经济社会发展规划，加大财政经费投入和物质保障。

切实加强内容建设。传播的内容全面准确生动，理论传播才能吸引党员干部和群众。理论传播媒介要把内容建设放在第一位，扎实抓好思想理论资源的联通汇聚，加强传播手段和话语方式创新，增强理论传播的针对性和实效性。在引导群众方面，必须深入基层、深入一线、深入百姓，大力宣传弘扬理论伟力的实践典型，使社会主义核心价值观在党员干部群众心中扎根。媒介在内容制作中要注重体现本土文化特色，充分挖掘受众关注点与地方理论传播热点之间的融合点，推出受众喜爱的接地气的党的理论传播作品。

切实加强融合发展。不管是报纸、杂志、广播、电视、网络等传统传播媒介，还是学习强国学习平台、微信公众号等新型传播媒介，包括图书、理论学习中心组、理论宣讲、新时代文明实践中心，都是传播党的创新理论的重要媒介。融合发展是理论传播的大趋势。加强理论传播的融合发展，要组织出版好理论图书、理论报纸、理论杂志，将理论文章写得更加准确、全面、生动，为后续的音频、视频加工打下坚实的基础；要将理论学习中心组学习、理论宣讲等录制为音频、视频产品，在广播、电视、网站等大众传播媒介上播放，扩大理论传播的广度；要将优秀音频、视频作品的文字脚本放在合适的报刊、网站上进行二次传播，乃至加工为图书出版，实现文字传播、音频传播、视频传播的深度融合。更为重要的是，这些理论传播作品都可以集成到学习强国学习平台进行展示和传播，并放在新时代文明实践中心进行基层传播，从而实现融合传播。在新时代，要加强理论传播统筹协同工作，努力构建“统筹策划、一次创作、多种生成、多元传播、科学评价、有效应用”的全新业务模式，进一步推动各类理论传播媒介融合发展。

加强人才队伍建设。理论传播的成效与理论传播主体的素质和能力密不可分。有了理论传播人才，才会生产出优质内容，搭建起强大传播渠道，凝聚起理论传播受众。加强理论传播媒介建设的一个重要方面就是培养高素质理论传播人才。这就要求各媒介单位加大对理论采编人员的教育和培训，提高政治素质和理论素养，提升编辑业务水平，实现由单一型理论编辑向全媒体型理论编辑的转变，为理论传播提供有力的人才支撑和智力支持。理论传播工作者要积极主动做好党的创新理论传播和社会主义意识形态工作，不断增强脚力、眼力、脑力、笔力，努力打造政治过硬、本领高强、求实创新、能打胜仗的理论传播工作队伍。

第七章

理论传播进程

马克思是全世界无产阶级和劳动人民的革命导师，是马克思主义的主要创始人。马克思主义是人民实现自身解放的思想体系，深刻改变了世界，特别是深刻改变了中国。马克思主义在中国的传播已经一百多年，不断与中国实际相结合，形成了一系列马克思主义中国化的理论成果，使马克思主义得到了丰富和发展。因此，在中国传播的马克思主义，既包括马克思恩格斯等的经典著作，也包括中国共产党人创造的马克思主义中国化的理论。研究马克思主义在中国的传播历程和历史经验，对于推进马克思主义中国化、时代化、大众化，意义重大而深远。

一、建党之前的理论传播

1848年，由马克思和恩格斯执笔写成的《共产党宣言》正式出版，标志着马克思主义的诞生。19世纪中期，马克思主义在欧洲产生巨大影响，并开始在世界范围内广泛传播。19世纪末，马克思主义开始为中国人所知晓。1917年，俄国十月革命取得胜利后，中国的先进知识分子开始在中国传播马克思主义。1919年，五四运动后，马克思主义在中国得到广泛传播，为创建中国共产党准备了思想条件。马克思主义在中国的早期传播是近代先进中国人探寻救亡图存道路和实现民族振兴的选择。

晚清时期，马克思主义在中国的传播。1896年，孙中山先生留居英国期间，在大英博物馆读到《共产党宣言》等马克思主义著作，曾敦促中国留英学生研究马克思的《资本论》和《共产党宣言》。1899年，上海《万国公报》刊载节译的英国社会学家颉德的《大同学》一文，首次将马克思的名字印在中国的报刊上。流亡日本期间，梁启超接触到马克思的著作；后来创办《清议报》《新民丛报》，在译介西方思想时介绍了一些马克思主义的内容。朱执信早年留学日本，1905年在《民报》发表两篇文章向读者介绍马克思恩格斯的生平和学说，并摘译《共产党宣言》的几段文字和第二章的十大纲领全文。1908年，留日学生创办的《天义报》发表恩格斯为《共产党宣言》1888年英文版写的序言和《共产党宣言》第一章。同年，出版了第一部《共产党宣言》中译本。

辛亥革命到五四运动前，马克思主义在中国的传播。鸦片战争之后，中国社会逐渐陷入半殖民地半封建的深渊，中国人民生活在水深火热之中，天朝田亩制度、师夷制夷、君主立宪、民主共和，种种救亡图存的尝试都以失败而告终。辛亥革命后，先进的中华儿女都在探索救国救民之道，西方社会主义思潮更多地被介绍到中国来。但这些通过传教士和旧知识分子对马克思恩格斯及其著作所作的零星介绍，并没有在中国社会产生重要影响。1917年，俄国十月革命的胜利极大地鼓舞和启发了中国先进知识分子。这一时期，李大钊先后在《新青年》等进步报刊上发表《布尔什维主义的胜利》《法俄革命之比较观》《庶民的胜利》《我的马克思主义观》等大量宣传马克思主义的文章。与此同时，李大钊在北京大学发起成立了马克思学说研究会，通过集会演说等形式传播马克思主义。1919年4月，陈独秀、李大钊等人创办的《每周评论》刊发《共产党宣言》部分内容。总起来看，十月革命的胜利，揭开了马克思主义在中国传播的新篇章，进入了自觉传播的新阶段。

五四运动到中国第一个共产主义小组成立前，马克思主义在中国的传播。五四运动后，为了寻找救国救民的道路，李大钊、陈独秀等信仰马克思主义的先进知识分子，通过广泛传播马克思主义，引导和推动中国的共产主义运动。李大钊在《晨报》副刊开设专栏，连载《马克思的唯物史观》《雇佣劳动与资本》等著作，广泛传播马克思主义经典著作。毛泽东在长沙创办《湘江评论》并亲自撰写《创刊宣言》，宣传民众联合的思想，在《民众的大联合》一文中预言，全国各阶层的大联合最终必定成功。恽代英翻译的《阶级争斗》等著作先后出版，在社会上产生重要影响。杨匏安发表《马克思主义浅说》等文章，李达翻译《马克思经济学说》等著作，比较全面地介绍马克思主义。特别是，1920年8月，陈望道将《共产党宣言》译成中文出版，多次多处翻印，供不应求，广为流传，极大地促进了马克思主义在中国的传播，为中国共产党的诞生做了充分的宣传发动和思想理论准备。

中国第一个共产主义小组成立后到中国共产党成立前。随着马克思主义在国内的广泛传播，工人运动迫切需要有工人阶级政党的领导。1920年8月，中国第一个共产主义小组在上海成立，之后也相继在北京、长沙等地成立共产主义小组。这些共产主义小组成立后，马克思主义在中国的传播进入有组织有领导传播的新阶段。中共上海发起组创办了机关刊物《共产党》月刊，在共产主义者中秘密发行。这份月刊正式打出共产党的旗帜，阐明共产党人的基本主张，喊出共产党万岁的口号，成为全国共产主义者交流思想的重要平台，成为全国各地共产主义小组沟通信息、酝酿建党的重要纽带。1920年8月，毛泽东在致蔡和森的信中，称赞《共产党》月刊旗帜鲜明。陈独秀在改版后的《新青年》上发表《谈政治》一文，提出了以马克思主义为指导的原则，是创建中国共产党的思想理论准备。与此同时，在李大钊等人的主导下，《晨报》副刊更加自觉地传播马克思主义，《觉悟》开设各种专栏宣传马克思主义和社会主义的相关知识。各地共产主义小组纷纷创办马克思主义刊物，在工人和知识分子中广泛传播马克思主义，反映工人真实境况，深受读者欢迎，促进了我国工人运动的发展。

二、革命时期的理论传播

从1921年到1949年，中国共产党团结带领中国人民进行28年浴血奋战，完成新民主主义革命，建立了新中国。在这个波澜壮阔的伟大历史进程中，马克思主义得到广泛深入的传播并不断丰富和发展。

大革命时期，马克思主义在中国的传播。中国共产党成立之初，就十分注重以中高等学校、工人补习学校、农民运动讲习所等为平台，在学生、工人、农民中传播马克思主义。1921年11月，中国共产党中央局发出通告，要求宣传部门在1922年7月以前出版关于纯粹的共产主义者的书籍20多种。在这个时期，我们党印行大量传播马克思主义的进步书刊，重印《共产党宣言》等马克思主义经典，出版《马克思主义概论》等通俗理论图书，广泛传播马克思主义。党的领导人撰写了大量著述，例如：毛泽东发表《湖南农民运动考察报告》，董必武发表《十月革命与中国革命》，用马克思主义基本原理指导我国的革命实践。1921年，中国共产党成立出版社，提出要翻译出版马克思主义全书、列宁全书、共产主义者丛书等，供各地党员同志学习研究。翻译出版马克思主义经典著作为奠定党的理论基础作出重要贡献。

土地革命时期，马克思主义在中国的传播。大革命失败后，中国共产党人走上了武装夺取政权的革命道路，创建了革命根据地。在中央苏区，党建立起组织严密、分级实施的宣传体系，创办苏维埃大学、红军大学等学校来传播马克思主义。据不完全统计，土地革命时期，翻译出版马克思、恩格斯等人的著作113种，包括《反杜林论》等重要著作。在中央苏区，组织出版了《马克思主义浅说》等通俗理论读物，创办《红色中华》等报刊，在党员、红军战士、工农群众中传播马克思主义，引导大家提高阶级觉悟，激发革命热情。为了在国民党统治区传播马克思主义，秘密发行进步刊物和红色图书，教育和引导进步青年接触和学习马克思主义。更为重要的是，在推进工农革命的伟大实践中，开始把马克思主义普遍真理与中国革命的实际相结合。例如，以夺取中心城市为目标的武装起义遭遇挫折后，中国共产党人逐步探索出一条“农村包围城市，武装夺取政权”的中国特色革命道路。

抗日战争时期，马克思主义在中国的传播。抗日战争时期，毛泽东系统总结中国革命历史经验，系统阐述新民主主义革命基本理论、基本路线和基本纲领，精辟论述党在民主革命时期的政策和策略，毛泽东思想从多方面展开并走向成熟。1945年，党的七大召开，毛泽东思想被确立为党的指导思想。在这个时期，在传播马克思、恩格斯、列宁等革命导师的思想的同时，开始注重传播毛泽东思想。1938年5月，为纪念马克思120周年诞辰，党在延安创办了第一所专门学习和研究马列主义理论的学校——马列学院，对学员进行马克思主义理论教育。学院专门设立的编译部集中翻译修订马克思恩格斯著作，出版革命导师经典著作，在根据地广泛传播马克思主义。毛泽东思想也得到了广泛传播，成为干部战士和群众身边的马克思主义。随着边区的稳固，党出版了大量毛泽东著作单行本和专题文集，在全党全军和根据地人民群众中兴起了学习毛泽东著作的热潮。毛泽东思想在党内和边区得到了广泛深入的传播，更加深入人心，最终引领新民主主义革命取得胜利。

解放战争时期，马克思主义在中国的传播。我们党继续推进马克思主义与中国实际相结合，提出人民民主专政理论，毛泽东思想在继续探索中不断发展。在这一时期，解放区是传播马克思主义的主阵地，在党的正确领导下，解放区初步建立起一支忠诚信仰马克思主义、富有研究精神和传播能力的工作队伍，出版了一大批马克思主义经典著作中译本，积极推进马克思主义中国化、时代化、大众化，为夺取革命胜利提供了坚实理论支撑。更重要的是，随着解放区快速扩大，马克思主义、毛泽东思想在全中国迅速传播，极大地团结凝聚了建立新中国的强大力量。

三、建设时期的理论传播

中华人民共和国成立后，中国共产党正面临着建设新中国的历史使命，全党同志比过去任何时候更加迫切地需要学习掌握马克思主义基本原理，特别是学习掌握毛泽东思想，提高政治思想觉悟和政策理论水平。

系统编译出版马克思主义经典著作。新中国成立后，马克思主义的传播条件发生了根本性变化，马克思主义的传播内容越来越丰富、越来越系统。根据理论传播的需要，党和国家系统化地编辑出版了马克思、恩格斯等经典作家的著作，并根据传播对象的情况编辑出版了各类专辑和单行本。1949年11月，在北京印刷苏联外交出版局出版的收有马克思恩格斯写的全部7篇序言的《共产党宣言》一百周年纪念本。从1956年开始，陆续编译出版了大量马克思、恩格斯、列宁等经典作家的全集以及著作单行本、专题言论集，马克思主义传播内容呈现出系统性和全面性。1964年，根据德文并参考英法俄等文本校订出版《共产党宣言》单行本。1971年，出版《马克思恩格斯全集》三卷本，重印《共产党宣言》等经典著作。1972年5月，出版新编《马克思恩格斯选集》四卷本。

深入学习宣传毛泽东思想。1950年5月，中共中央成立《毛泽东选集》出版委员会。《毛泽东选集》第一卷1951年10月出版，到1960年9月，《毛泽东选集》四卷出齐。在国内传播的同时，1953年《毛泽东选集》一至三卷的俄译本出版。外文出版社陆续出版毛泽东著作中的部分著名篇目的多种文字版本。为了提高学习的有效性，为领导干部出版《毛泽东选集》(甲种本)，为人民群众出版《毛泽东选集》(乙种本)，并大量出版发行《毛主席语录》，让普通百姓学习毛泽东思想，特别是毛泽东哲学思想和“老三篇”(《为人民服务》《纪念白求恩》《愚公移山》)，大大增强了毛泽东思想的普及程度。毛泽东著作被译为17国语言的外文版在国外发行总计有500多万册。

在党校和高校中传播马克思主义。党着力加强各级党校和团校建设，建成了一大批传播马克思主义的专门学校，培养起一支马克思主义理论工作者骨干队伍。1951年2月，中共中央作出加强理论教育的决定，按照理解能力将党员的理论学习分为三级：第一级学习政治常识，第二级学习理论常识，第三级学习马克思主义经典作家的理论著作和毛泽东的理论著作。教育部门着力推进马克思主义理论课堂建设，在高校开设新民主主义论、政治经济学、辩证唯物论与历史唯物论等课程，并对每门课程的学习时数作出明确规定。

推进马克思主义在人民群众中的传播。翻身得解放的人民群众对马克思主义怀有深深的感激之情，大规模地学习马克思主义的群众性运动在华夏大地蓬勃展开，工人、农民、解放军战士、青年学生、知识分子纷纷自觉学习马克思主义，深入钻研掌握毛泽东思想。一些工厂成立工人哲学小组、哲学学习班、工人业余哲学班，一些农村成立农民学哲学夜校、田头哲学小组，在部队普遍开展学习毛泽东著作的活动，工农兵群众自觉自发学习马克思主义。《人民日报》等重要党媒党刊成为传播马克思主义的重要阵地。在书报之外，随着传播技术的发展，理论传播媒介扩大到音频和视频领域，从1950年开始，中央人民广播电台邀请艾思奇、于光远等在电台作关于社会发展史的系列讲座，通过广播电台传播马克思主义基础知识，将马克思主义和毛泽东思想传播到千家万户。

不断拓展马克思主义的传播途径。根据不同社会群体的知识水平等方面的差异，我们因人制宜，因地制宜，采取了一系列行之有效的办法，广泛传播马克思主义和毛泽东思想。另外，我们进一步加强翻译出版工作，强化学校教育，充分利用报纸、刊物、广播、电视、戏剧、电影、文学、艺术、读报组、标语、演讲会、赛诗会等媒介和手段，全方位地传播马克思主义和毛泽东思想。

四、改革时期的理论传播

改革开放是决定当代中国命运的关键一招。1978年党的十一届三中全会召开，标志着中国进入改革开放和社会主义现代化建设新时期。改革开放以来，我们党在实践中使马克思主义得到不断丰富和发展，形成了邓小平理论、“三个代表”重要思想和科学发展观，不断实现指导思想的与时俱进。在这个历史进程中，马克思主义及马克思主义中国化理论成果的广泛传播，为中国特色社会主义形成和发展提供了强大的精神动力。

开展真理标准问题大讨论。1978年5月10日，中央党校内部刊物《理论动态》发表《实践是检验真理的唯一标准》，次日，《光明日报》以特约评论员的署名转发这篇文章。文章在全国范围内引起强烈反响，引发了一场关于真理标准问题的大讨论，在此后半年多的时间里，全国各地主要报刊都刊登了这方面的大量文章。人民群众普遍接受了实践是检验真理的唯一标准的思想，在解放思想中更加坚定了对马克思主义的信仰。在这一时期，中央党校于1977年复校，成为对高级领导干部进行马克思主义教育的重要机构；高等院校1977年恢复招生后，迅速布局思想政治理论课教学，在青年学生中深入传播马克思主义、毛泽东思想；社会科学院等各类研究院所走上正轨，马克思主义、毛泽东思想的研究逐步展开；许多报纸杂志复刊，许多经典书籍重新出版，一批经典红色剧目重新上映，更为重要的是，广播电视成为传播马克思主义的重要载体，马克思主义得到广泛传播和普及。

系统出版马克思主义经典著作。1978年以来，中央编译局组织出版了《马列著作编译资料》《马列主义研究资料》《马克思恩格斯研究》等资料性刊物。1995年6月，编辑出版了《马克思恩格斯选集》第二版，对收载的文献作了较大调整，并按原著文字对译文重新作了校订。1997年8月，人民出版社根据《马克思恩格斯选集》中文第二版第一卷中的新译文出版《共产党宣言》单行本。1998年，为纪念《共产党宣言》发表150周年，中央编译出版社出版《共产党宣言》纪念版。进入21世纪以来，马克思主义理论研究和建设工程实施之后，马克思主义学科被确立为一级学科，马克思主义经典著作研究越来越受到重视。中央编译局有组织地系统出版马克思主义经典著作，对马克思、恩格斯、列宁的重要著作进行重新编译校订，于2009年出版《马克思恩格斯文集》（十卷本）和《列宁专题文集》（五卷本），进一步促进了马克思主义的广泛传播。

系统出版毛泽东思想经典著作。毛泽东一生著述非常丰富。早在20世纪40年代，解放区就印行了多个版本的选集。50年代和60年代，编辑出版《毛泽东选集》（1—4卷），90年代组织出版了《毛泽东选集》（1—4卷）第二版。此外，还先后出版《毛泽东文集》(1—8卷)、《毛泽东著作选读》(上下卷，甲种、乙种本)、《毛泽东军事文集》(1—6卷)、《建国以来毛泽东文稿》(1—13册)、《建国以来毛泽东军事文稿》(上中下卷)、《毛泽东著作专题摘编》(上下册)，以及《毛泽东早期文稿》《毛泽东农村调查文集》《毛泽东新闻工作文选》《毛泽东哲学批注集》《毛泽东读文史古籍批语集》《毛泽东外交文选》《毛泽东文艺论集》等著作。与此同时，组织出版《毛泽东年谱(1893—1949)》《毛泽东年谱(1949—1976)》《毛泽东传(1893—1949)》《毛泽东传(1949—1976)》，四部书总计近650万字，历史地再现毛泽东对社会主义的探索，展示了毛泽东思想的形成和发展。

传播中国特色社会主义理论。在改革开放的伟大实践中，中国共产党人把马克思主义基本原理和中国实际相结合，创立了邓小平理论、“三个代表”重要思想和科学发展观。中国特色社会主义理论，系统回答了一系列重大时代课题，为马克思主义的传播提供了鲜活的理论内容。在这期间，理论传播手段进一步创新，理论图书和报刊出版快速恢复并创出新高，广播电视事业快速发展，网络等新媒体不断涌现，理论传播形态日益多样化。有组织地全面系统地开展理论传播得到进一步发展，中央政治局集体学习、各级党委理论学习中心组学习、学习教育活动、党员干部定期培训、民主生活会、“三会一课”、思想政治理论课改革、英模人物以及学术论坛等方式都得到了充分的运用和长足的发展。1992年，中共中央宣传部开始实施“五个一工程”，先后推出一大批人民满意的优秀理论作品，为中国特色社会主义理论传播创造了新的载体。2004年，中共中央开启“马克思主义理论研究和建设工程”，为马克思主义传播开启了新的重要路径。

五、新时代的理论传播

中国特色社会主义进入了新时代，马克思主义在中国的传播也进入了新时代和历史上最好的时期。

坚持不懈用习近平新时代中国特色社会主义思想武装全党、教育人民。党的十八大以来，为帮助国内外读者学习领会习近平新时代中国特色社会主义思想，中央党史和文献研究院等部门相继编辑出版了习近平总书记的多种论述摘编、专题文集，中共中央宣传部在2014年和2016年先后两次组织出版《习近平总书记系列重要讲话读本》，党的十九大后组织编写出版《习近平新时代中国特色社会主义思想三十讲》《习近平新时代中国特色社会主义思想学习纲要》，为学习党的创新理论提供了重要教材。各级党校着力推进习近平新时代中国特色社会主义思想进教材、进课堂、进头脑，加强对党的创新理论的研究宣传阐释工作。以党委（党组）理论学习中心组学习为龙头，持续健全用党的创新理论武装全党、教育人民的工作体系，持之以恒用党的创新理论武装全党、教育人民。中央党校等多个全国知名研究单位，成立了习近平新时代中国特色社会主义思想研究中心（院），组织编写出版学习读物，不断加强对党的创新理论的研究和解读，为党的创新理论提供坚实的学理支撑。为适应移动互联时代要求，我们打造了全国贯通的“学习强国”学习平台，在县市区普遍建立县级融媒体中心，在县乡村三级建立新时代文明实践中心（所、站），加强党的创新理论传播和普及工作，让党的创新理论“飞入寻常百姓家”。

推动习近平新时代中国特色社会主义思想在海外传播。当代中国马克思主义的最新成果和21世纪马克思主义理论在海内外的不断传播，使得世界人民对习近平新时代中国特色社会主义思想产生了浓厚的兴趣。2014年以来，党和国家先后组织出版《习近平谈治国理政》第一卷、第二卷、第三卷，在面向全国党员干部群众发行的基础上，扎实做好出版发行、对外翻译、研究阐释和宣传推广工作，不断扩大出版语种和发行覆盖范围，书籍得到世界人民的喜爱。《习近平谈治国理政》已经成为改革开放以来翻译出版语种最多、发行量最大、覆盖面最广的领导人著作，成为各国政要、专家学者和广大读者读懂习近平新时代中国特色社会主义思想的首选读本，成为世界了解中国的重要窗口和平台。《习近平谈治国理政》在世界上的广泛发行，让当代中国马克思主义、21世纪马克思主义走向了世界，绽放出科学真理的光芒。

不断增强马克思主义的影响力、说服力、战斗力。在社会思潮日益活跃的时代，如何做好马克思主义大众化工作，成为新时代研究的重要新课题。着力推进马克思主义理论研究和建设工程，组织理论工作者积极投身马克思主义理论传播工作，用贴近人民群众特别是青年群体的话语，让年轻人穿越时空与马克思对话，引导更多人了解掌握马克思主义、学会在实际中运用马克思主义。推出通俗理论读物《理论热点面对面》系列图书，回答干部群众关心关注的现实问题，引导干部群众坚定不移听党话跟党走，坚定不移走中国特色社会主义道路。出版《西式民主怎么了》《资本主义怎么了》等读物，帮助干部群众深刻认识资本主义制度的本质，深化对有关重大问题的阐释引导，用正确声音占领舆论制高点，挤压错误观点的传播空间，进一步增进了人民群众对党和政府的信心和信任。2020年4月，《共产党宣言》被列入教育部基础教育课程教材发展中心编写的《中小学生阅读指导目录（2020年版）》，进一步加大了马克思主义理论教育在中小学生中的分量。

六、理论传播的基本规律

一百多年来，马克思主义和马克思主义中国化的理论成果一步步成为中国的主流思想，并在其指导下，中国社会发生翻天覆地的变化，进行社会主义革命和社会主义建设。实践伟力来源于思想伟力、理论伟力和真理伟力。理论传播形成了以下几个方面的规律性认识。

在中国传播马克思主义必须坚持中国共产党的领导。党成立之前，在知识界传播的各种社会思潮中，先进的中国人通过反复比较选择了马克思主义，建立了中国共产党。一百年来，我们党始终把传播马克思主义作为一项十分重要的政治任务，不断加强对理论传播工作的领导。党的领袖发表重要讲话，作出重要指示，推荐重要著作，提出重要要求，对推动全党学习马克思主义发挥了重要作用，彰显了我们党始终注重推动全党同志对马克思主义的学习。马克思主义理论传播要利用好大众传媒这一重要渠道，坚持把大众传媒领导权、管理权、话语权掌握在马克思主义者手中。在做好大众传播的同时，高度重视通过组织体系传播马克思主义。着力加强各级党校建设，大规模建立各级各类干部教育学校，成为传播马克思主义的重要阵地。在高校设置马克思主义理论课程，中小学在教材和教学中体现马克思主义，开展形式多样的教育活动，将马克思主义融入教育教学全过程。接续开展党内专题学习教育活动，从而引导干部群众深入学习马克思主义，成为中国共产党人传播马克思主义新的重要载体。加强对马克思主义理论传播者的教育和培养，引导理论传播者真学真懂真信真用真传马克思主义，成为马克思主义的坚定信仰者、忠实践行者、真情传播者。

在中国传播马克思主义必须不断推进马克思主义中国化。理论传播被受众接受的程度，不仅和传播主体的素质和传播方式的创新等密切相关，而且取决于所传播的理论自身的理论品质。理论联系实际是马克思主义的鲜明品格。只有事关党和国家的前途和命运，事关人民群众的根本利益和切身利益，理论传播才有旺盛的生命力。可以说，马克思主义在中国传播的过程，就是把马克思主义与中国实际相结合，不断推进马克思主义中国化的过程。把真学真懂真信马克思主义，作为推进马克思主义中国化的基础和前提。在中国传播马克思主义，首先是传播马克思恩格斯创立的马克思主义基本原理，其主要方式是不断加强对马克思主义经典著作的传播。在这个基础上，要大力传播马克思主义中国化成果。一百年来，党在领导马克思主义在中国传播的历史进程中，始终坚持实事求是，坚持学以致用，在实际运用理论，不断推进马克思主义中国化，不断传播马克思主义中国化的最新理论成果，为建立人民当家作主的新中国，为创造世所罕见的人间奇迹，提供了坚实的理论支撑。

在中国传播马克思主义，必须不断加强传播主体和传播受众两支队伍建设。马克思主义理论传播工作者是马克思主义的播种机，通过理论传播吸引教育引导人民群众，使其在马克思主义的旗帜下更加紧密团结。在真诚信仰的基础上，不能脱离中国的国情和实践，不断运用马克思主义基本原理解决中国革命、建设、改革中的实际问题，不断赋予马克思主义以民族特点和时代特色，使之更易被人民群众所接受和信仰。一代又一代被马克思主义理论武装起来的人民群众，将马克思主义理论运用到工作和生活之中，成为用马克思主义理论认识世界、改造世界的生动范本，用身边榜样的实际行动潜移默化地传播马克思主义。马克思主义理论传播必须坚持以人民为中心的工作导向，坚持以发现和解决人民关切的问题为落脚点，扎根中国大地，扎根中国人民，努力把理论传播到群众的心坎里。

在中国传播马克思主义，必须不断创新马克思主义传播方式。理论传播总是需要借助一定的传播媒介和传播载体，而且每一个时代都会产生富有鲜明时代特色的新传播方式。一百多年来，马克思主义在中国的传播方式在不断创新和发展。在早期，主要是翻译出版马克思主义经典著作，创办宣传马克思主义的报刊，撰写刊登宣传马克思主义的理论文章；在革命时期，逐步创造了运用传单、横幅、布告等元素宣传党的路线方针政策，运用群众集会发表演讲，传播马克思主义理论和党的政策主张，运用红色电影、红色歌谣传播马克思主义者的模范事迹等新的重要传播手段；新中国成立后，理论学习中心组、学习教育活动、形式多样的学习小组等新的传播方式被不断创造出来，电影、戏剧、广播、电视等新的传播载体获得广泛运用，创造了许多经典的视听作品，理论传播方式更加丰富，理论传播效果更为显著；进入21世纪，以网络为载体、以新媒体为依托，建立各种网站和网页，拍摄各种微视频，推出各类手机APP，新兴媒体理论传播的信息量更大、速度更快，理论传播的时效性、趣味性、便捷性大大增强。

第八章 理论传播效果评估

做工作要注意时度效，最终要看效果。社会实践及其效果是检验主观愿望或动机的标准，开展理论传播更要注重效果意识，真正让党的创新理论飞入寻常百姓家，走进人民群众的心坎。

一、理论传播效果评估指标设置

对一个地区、部门、单位的理论传播效果进行评估和对一篇理论文章、一本理论图书、一套理论视听节目、一部新媒体理论作品的传播效果进行评估，选取的指标体系是不一样的，需要分别设置评估指标体系，分开来进行效果评估。

首先，对理论传播工作效果的评估。评估一个地区、部门、单位理论传播工作做得好不好，实际成效高不高，一是要坚持从政治上进行评估，看是否在政治上得到加强，这就要看该地区部门单位党员干部群众的政治意识是否得到了显著增强，增强“四个意识”、坚定“四个自信”、做到“两个维护”是否已经成为党员干部群众的实际行动，听党话跟党走是否成为普遍的社会风尚。二是看经济社会发展成效。理论传播搞得好不好，党的创新理论的真理伟力是否转化为人民群众的实践伟力，关键是看是否贯彻落实到经济社会高质量发展的全过程和各方面，人民群众是否实实在在地享受到理论指导实践的发展成果。三是看干部群众理论素养。理论传播要让党的创新理论嵌入党员干部群众的脑海里和心田中，潜移默化地影响和提升党员干部群众的理论素养，用真理之光照亮人生路。除了以上三个方面之外，我们也可以设置一些数量指标，进行横向比较。例如，党委（党组）理论学习中心组进行理论学习的次数和效果；开展理论宣讲的场数和听众总数；新时代文明实践中心覆盖的县乡村和基层单位数，参加新时代文明实践中心活动的群众占比；理论读物的出版数量、质量、发行量和阅读效果等；报纸和杂志发表理论文章的数量和质量，理论报刊的数量和质量，理论报刊订阅数量；广播、电视、网络、新媒体刊播理论节目的数量和质量、刊播理论作品的数量和质量，理论作品受众的数量和质量等；党委和政府对理论传播媒介的重视程度和支持力度，县级融媒体中心建设的质量；等等。

其次，对理论作品传播效果的评估。理论作品包括理论文章、理论图书等文字理论作品，广播理论节目、理论宣讲录音等音频理论作品，电视理论节目、理论宣讲录像等视频理论作品。评估一件理论作品的传播效果，第一，要看作品本身的质量，看作品是不是准确地传播了党的创新理论。如果理论作品是内容不正确或者有瑕疵，作品本身质量不够高，传播越广泛越深入，其负面效果就越大。在内容为王的时代，传播效果往往与细节密切相关。在评估时，我们可从角度选取、议题设置、内容措辞、版面语言、发布时机等方面对传播效果进行综合评定。第二，要看传播的广度。好作品要是养在深闺之中，受众少，也不会有好的传播效果。评估理论作品的传播效果，要深入分析受众的数量和质量，既要看有多少人是该理论作品的受众，还要看受众是全程看完还是半途而废，更要看接受了多少，是否产生了心灵共鸣。在理论作品质量合格的基础上，理论文章主要看在学习强国学习平台上的阅读量和点赞量，理论图书主要看发行量，广播理论节目看听众数量，电视理论节目看观众数量，网络和新媒体上的理论文章和理论音视频作品看点击量和深度阅读量，等等。第三，要看传播媒介的数量。一篇好的理论文章，在报刊首发之后，若是能够获得其他报刊转发，传播效果就会产生倍增效应。要是在网站转发，推荐到学习强国学习平台转发，微信公众号转发，读者就会以几何级数上升，如果再变成音频理论作品，甚至改编为电视理论作品，通过各类传播媒介的综合运用达到传播效果最大化。反过来看，中央电视台播出的电视理论节目的台词也是非常好的理论文章，汇编成书也能够产生很好的传播效果，因此，媒体融合发展对于提升理论传播效果具有很大的作用。第四，要看受众的感受和反馈。理论传播的效果如何，党员干部群众最有发言权。对理论传播来说，受众说好，才是真的好。因此，要通过查看读者留言、面对面访谈、问卷调查等形式对重要理论作品的传播效果进行评估分析，不断改进理论作品，不断提高理论传播的有效性。

二、理论传播效果评估方式方法

理论传播效果反映理论传播的价值。理论传播效果评估既要评估业务效果，也要评估社会效果。业务效果是指理论作品在受众中产生的结果（例如受众到达率、引起的关注程度等）与传播主体预期目标之间的吻合度。社会效果是指理论作品传播所产生的社会影响。在理论传播过程中，传播深度、传播广度、受众人群等能从不同角度反映理论传播效果。理论传播效果评估应抓住四个关键环节。

突出效果评估的目标导向。理论传播的目的是让人民群众掌握马克思主义基本原理，掌握党的创新理论和党的路线方针政策，将党的创新理论的真理力量转化为改造主观世界和客观世界的实践力量。因此，理论传播效果评估必须坚持目标导向和结果导向，把党员干部群众对党的创新理论的掌握和认同程度作为评估理论传播效果的主要导向，深入党员干部群众之中找数据、评效果。要坚持定性和定量相结合的评估方式，重视数量指标但以质量指标为准，重视业务效果指标但以社会效果指标为准，通过评估总结经验、找到差距和不足，明确改进和提高的方向，不断提高理论传播的有效性。

构建量化评估指标体系。构建科学的理论传播效果评估指标体系，是客观评价理论传播效果的关键。理论传播效果不可能通过测量直接获得，需要通过若干个子系统量化指标对理论传播效果进行描述，再针对每个子系统选出若干具有代表性的评估指标。选取评估传播效果的指标要充分考虑理论传播业务效果与社会效果，同时兼顾传播主体和传播受众，尽可能多样化选取数据，以建立全面系统的科学评价体系。科学设定各个指标对理论传播效果影响的权重，设计出生成理论传播效果评价指数的相关计算公式。采集理论传播相关指标数据，并对数据进行整理，增强数据可信度，减少误差。根据建立的公式，代入相关指标数据，计算理论传播效果指数分值。

增强评估数据的可获得性。理论传播效果评估要做到真实可靠管用，首先要确保数据真实且相对容易获得。理论上符合逻辑但实践中很难获得的数据指标，一般不宜纳入评估指标体系。数据来源主要包括理论传播部门提供的数据，例如：宣传部、党校、讲师团等部门和单位提供的统计数据；网站和新媒体上可以直接获得的受众数据，包括网友留言、评价等；实地调研得到的一手实际数据，考察人民群众对党的创新理论情感认同度和实际掌握程度等；针对理论传播中的热点、难点、焦点问题进行社会调查，发放调查问卷所获得的数据等。

理论传播评估数据挖掘方法。通过网络留言分析、面对面访谈、问卷调查等方式，收集到受众对于理论作品的情感反应和领悟深度数据，对于理论传播效果评估具有重要作用。要及时把握理论传播受众群体的舆论演化趋势，对受众感受和评论进行文本挖掘，发掘理论传播带来的舆论风向。对评论观点进行文本聚类，可以发现受众的兴趣模式，发掘关注热点，促进媒体的后续传播。目前，越来越多的网站和平台可以提供用户情绪投票功能，用户在阅读文章后可点击同自己的情绪相同或相近的候选情绪类别标记，为自己想要表达的情绪投票。当数据量足够大时，就可以判定理论传播带来的情感认同度。

自我评估与第三方评估相结合。宣传主管部门要定期对本地区本部门本单位的理论传播效果进行评估，报刊社、广播电台、电视台、网站、学习强国学习平台等媒体也要定期对理论传播效果进行自我评估，并接受党委和主管部门的评估。为了提高评估结果的客观性、专业性、公正性，我们也可以委托第三方进行理论传播效果评估。

三、理论传播效果评估结果运用

高度重视理论创新和理论传播，是我们党的宝贵经验和重要优势。进入新时代，党的理论创新步伐显著加快，做好理论传播工作越来越重要而紧迫。效果评估的目的在于提升理论传播的有效性。构建理论传播效果评价模型，可以量化理论作品的传播效果。对理论作品传播中各个分指标进行具体分析，可以挖掘理论传播中的受众分类、传播深度、传播广度、情感认同度等。通过评估各分项指标，掌握理论热点、传播人群、传播层次，进而分析掌握理论传播规律，选择好理论传播手段和渠道，有助于提升理论传播效果。理论传播媒介需要通过对理论传播效果进行全面衡量与综合分析，从理论传播规律中寻找提高理论传播质量的方式与方法。我们要坚持守正创新，运用好理论传播效果评估这个手段，推动党的创新理论深入人心，推动党的创新理论“飞入寻常百姓家”。

*在增强思想引领力上下功夫。*理论的魅力是思想引领。在实现中华民族伟大复兴的关键时期，加强对党员干部群众的思想引领十分重要。面对干部群众思想困惑得到解答的新期待，理论传播必须主动发声，用马克思主义的思想伟力为党员干部群众提供思想引领和精神滋养。强化思想引领，就是要广泛传播马克思主义，用习近平新时代中国特色社会主义思想武装全党、教育人民，让党的创新理论入脑入心；就是要坚持政治性和学理性相统一，从学理上将基本原理变成深刻道理，用中国理论解读中国实践，用中国话语阐释中国道路，用党的创新理论的真理力量宣传群众、组织群众、鼓舞群众、凝聚群众，进而增强党员干部群众对党的创新理论的情感认同和行动认同；就是要坚持“用学术讲政治”，找准学术接口，用严谨的逻辑思维和权威的统计数据讲清道路，以透彻的学理分析支撑思想引领，让党员干部群众沉浸

在理论的海洋中，感悟思想和信仰的美妙。

在增强理论吸引力上下功夫。理论传播最吸引受众的是内容，内容永远是理论传播的根本。增强理论作品的吸引力，必须学深悟透党的创新理论。只有真学真懂真信真用党的创新理论，深刻把握其核心要义和理论精华，才能给受众一瓢“真正解渴的泉水”，才能达到真传党的创新理论的目的。增强理论作品的吸引力，必须坚持问题导向。只有把党的理论传播与关系群众切身利益的实际问题紧密联系起来，从现实生活和现实的人的思想中挖掘最鲜活的素材，才能吸引群众、凝聚群众，将党的创新理论和党的路线方针政策转化为让人民群众的自觉行动。我们要紧跟理论需求侧变化改善理论供给，用有思想、有筋骨、有温度的高品质内容积极回应群众的关切。增强理论作品的吸引力，必须采用群众喜闻乐见的话语。从群众身边的典型出发，提炼能够引发心灵共鸣的理论语言，让人民群众从心底里明白中国共产党为什么能，马克思主义为什么行，中国特色社会主义为什么好，让理论能够真正打动群众心灵。

在增强情感凝聚力上下功夫。马克思主义和马克思主义中国化最新成果是人民的理论，出发点和落脚点都是为人民谋利益，和人民的心灵是相通的，是充满感情的理论。理论传播本质上是做人的思想政治工作，要善于运用同理心来凝聚群众，产生共情传播效果。增强情感凝聚力，必须站稳一切为了人民这个根本立场，用有情怀的理论表达来宣讲理论，让人民群众喜欢听、听了就管用、听了就得到实实在在的利益。要把握理论传播规律，着力加快主流话语体系创新转化，灵活运用理论话语与情感话语，融合运用学术话语与通俗话语，将理论之美和情感之美有机统一起来。要情理交融，以情动人，在理论传播主体和受众之间搭建起平等对话的桥梁，放大受众共在、共情感受，提高理论传播的亲和力。

在增强品牌影响力上下功夫。广告传播和新闻传播都讲求品牌效应，理论传播也不例外。要想增强理论传播的有效性，就必须下功夫打造一些理论传播的旗舰。这就要求我们抓住媒体融合发展的重要机遇，拓展新渠道新平台，用好新媒体新技术，推进主渠道和新阵地的深度融合，加快推动媒体融合发展，构建全媒体传播格局，不断扩大主流价值影响力版图，覆盖最大数量和最丰富层次的理论传播受众。着力将理论阐释融入交互连接的传播新场景中，以附着热点和网言网语的文案吸引观众，采用一次采集、多种生成、多元传播的模式，根据报刊、广播、电视、网络、学习强国学习平台、微信公众号等不同传播平台进行优化组合传播，传统媒体与新媒体相互引流，构建起立体化传播矩阵，打造理论传播新品牌，让理论好声音传得更开更广更深入。

第九章

加强党对理论传播的全面领导

办好中国的事，关键在中国共产党。加强理论武装和理论传播工作，让党的创新理论“飞入寻常百姓家”，是意识形态领域一项十分重要的工作。做好新时代理论传播工作，必须旗帜鲜明坚持党管理论、党管宣传、党管意识形态，进一步加强党对理论传播工作的全面领导，不断提高理论传播工作的有效性。

一、做好理论传播工作的根本前提

面对中华民族伟大复兴的战略全局和世界百年未有之大变局，要把人民群众凝聚起来，为全面建设社会主义现代化国家而奋斗，一刻也离不开党的理论传播工作。在新的发展阶段，必须加强党对理论传播工作的全面领导，抓紧关键和要害，做好基础性战略性工作，不断提高理论传播工作的质量和效益，更好地服务党和国家事业全局。

加强党的全面领导是牢牢掌握意识形态工作领导权的根本要求。意识形态工作是党的一项极端重要的工作。世界发展史警示人们，思想舆论阵地一旦被突破，其他防线就很难守得住；意识形态工作的领导权、管理权、话语权一旦旁落，就会亡党亡国，就会犯无可挽回的历史性错误。理论传播的目的是用党的创新理论占领意识形态阵地，这就要求加强党对理论传播工作的领导，确保所有开展理论传播工作的部门和单位、所有传播党的创新理论的党员干部都旗帜鲜明坚持党性原则，站稳政治立场，传播党的创新理论，传播党的路线方针政策，传播党中央的决策部署，传播党中央关于形势的重大分析判断，在思想上政治上行动上同以习近平同志为核心的党中央保持高度一致。要通过加强党的全面领导，通过加强理论传播部门和单位党组织建设，教育引导理论传播工作者坚定政治方向、夯实理论功底，增强脚力、眼力、脑力、笔力，不断提高理论传播的质量和效果。

加强党的全面领导是用党的创新理论武装全党、教育人民的根本要求。在新的发展阶段，各种思潮交织、观念碰撞，新的传播渠道和方式发展迅速，给理论传播工作带来了新机遇和新挑战。我们党要团结带领人民全面建设社会主义现代化国家，不断创造新的历史伟业，最根本的就是要坚持不懈用习近平新时代中国特色社会主义思想武装全党、教育人民，凝聚实现中华民族伟大复兴的磅礴力量。理论武装工作是做人的思想工作，绝不是一件轻轻松松就能够做好的事情。一定要在党的全面领导下，始终坚持党媒姓党的根本原则，高扬新时代全党全国人民的思想旗帜，对党的思想理论和党中央重大决策部署进行学理阐释，把理论讲透彻、把思想讲鲜活、把实践讲生动，用理论的力量、思想的力量引导党员干部群众学深悟透党的创新理论。要在党的全面领导下，深入研究掌握党的创新理论的传播规律，突出鲜明的思想性，突出鲜明的理论性，突出鲜明的知识性，不断提高理论宣传阐释的质量和效果，努力让党的创新理论走心走深走实。

加强党的全面领导是凝心聚力全面建设社会主义现代化国家的根本要求。中国共产党是最高政治领导力量，做任何工作都必须自觉坚持党的领导。在理论传播工作中，坚持党的全面领导，有利于发挥社会主义制度的政治优势，形成集中统一的领导体制、务实高效的决策机制、协调联动的推进机制、有力有序的落实机制，加强对理论传播工作的组织协调，在传什么、怎样传、达到什么效果等方面进行顶层设计，形成制度性安排，确保理论传播取得实效；有利于探索党的创新理论传播规律，从历史和现实相贯通、理论和实践相结合的高度推进理论传播途径和方式创新，共同提升理论传播的质量和效果，开辟马克思主义发展的新境界；有利于充分调动各方面参与理论传播工作的积极性，凝聚一切可以凝聚的理论骨干，调动一切可以调动的传播力量，形成理论传播的整体合力；有利于形成推动理论传播工作的持久动力，坚持把长远传播安排与近期传播重点结合起来、把顶层设计同基层落实结合起来，构建系统完备、科学规范、运行有效的理论传播体制机制，推动党的创新理论走进人民群众的工作和生活。

二、贯穿理论传播全过程和各方面

党的全面领导是做好一切工作的根本保证。做好新发展阶段的理论传播工作，推动党的创新理论“飞入寻常百姓家”，必须把党的全面领导贯穿于理论传播工作的全过程和各方面。

最根本的是坚决做到“两个维护”。理论传播是政治工作，必须旗帜鲜明讲政治，大力加强党的政治建设。理论传播的首要任务是传播党的声音，让人民群众坚定不移听党话跟党走。深入传播当代中国马克思主义、21世纪马克思主义，让全党全国人民牢记中国共产党是最高政治领导力量。要通过持之以恒开展理论武装工作，教育引导党员干部群众同心同德建设中国特色社会主义伟大事业。严明政治纪律和宣传纪律，一切宣传听指挥，一切行动听号令，同党中央要求对表，不能出现任何偏差。

最重要的是完善坚持党对理论传播工作的领导体制机制。加强党对理论传播工作的全面领导，更好发挥党的理论优势，必须靠体制机制来保障。在百年奋斗征程中，中国共产党始终重视理论建设和理论传播，在长期实践中形成了一整套科学管用的领导制度和领导体制，包括党的意识形态工作责任制、党管宣传和党管媒体的体制机制等。其中，最重要的就是党管意识形态、党管干部、党管宣传、党管媒体等一系列旨在更好地发挥党总揽全局、协调各方作用的重要制度安排，确保理论传播阵地牢牢掌握在党的手里，确保理论传播工作者队伍与党同心同德，确保理论传播的政治方向。要不断深化对理论传播工作重要性、迫切性、规律性和特殊性的认识，把理论传播工作摆上重要议事日程，落实党组织书记第一责任和分管宣传思想工作的领导直接责任，把责任具体，做到守土担责。严格责任追究，通过失责必问、问责必严来强化责任落实，确保理论传播工作落到实处。在人人都是麦克风的信息时代，各部门各方面都要树立理论传播意识，参与理论传播工作，形成理论传播工作的强大合力和整体效应。

关键是加强理论传播阵地建设。党的理论传播工作是党的事业的重要组成部分，一刻也离不开党的全面领导。理论传播阵地，我们不去占领，人家就会去占领。理论传播工作要强起来，首先要加强理论传播阵地建设，让党的旗帜在理论传播部门和单位高高飘扬，让党的主张占据制高点，让党的创新理论成为时代最强音。坚持把旗帜鲜明讲政治作为第一位的要求，坚持政治家办报、办刊、办台、办网站，善于从政治高度讲谋划、部署、推动理论传播工作，讲导向不含糊，抓导向不放松，牢牢掌握意识形态工作领导权，切实维护意识形态安全。大力推进理论创新，善于进行内容、形式、体制、机制创新，使理论传播更加充满生机和活力，为人民群众改造世界的生动实践提供强大的理论支撑。要着力提高把握正确方向导向的能力，深刻把握传统媒体和新兴媒体融合发展的趋势，强化互联网思维，积极探索网络信息生产传播的特点规律，提高建网、用网、治网的能力，抢占互联网这个理论传播的主阵地。提升业务本领，必须提高网络综合治理能力，善于运用网络新技术新应用，把更多的精力放在网上，推动形成更加清朗的网络空间，不断提高网上理论传播的质量和水平，使互联网这个最大变量转变为理论传播事业发展的最大增量。

三、建设高素质理论传播工作者队伍

做好理论传播工作，关键在人。加强党对理论传播工作的领导，必须锤炼政治过硬、本领高强、求实创新、能打胜仗的理论传播工作者队伍，努力让党的创新理论“飞入寻常百姓家”，凝聚起砥砺奋进新时代、同心共筑中国梦的磅礴力量。

一是提高理论传播工作者政治素质。传播党的创新理论，讲政治是第一位的要求。理论传播工作者要坚定崇高政治理想，加强政治历练和政治修养，着力锤炼忠诚于党和人民的政治品格，切实把党管媒体这个根本原则落实到具体工作中，以实际行动做到“两个维护”。要按照学懂弄通做实的要求，进一步加强理论学习，努力先学一步、学深一层，掌握习近平新时代中国特色社会主义思想的科学体系、丰富内涵和精神实质，把握贯穿其中的马克思主义立场观点方法，筑牢思想根基和精神支柱。特别是要深入学习领会《论党的宣传思想工作》一书，贯彻落实习近平总书记关于宣传思想工作的重要思想，更加自觉地统一思想行动、谋划推进工作，严守宣传纪律和工作纪律，不折不扣地贯彻落实党中央的决策部署。在理论传播过程中，要善于从政治上看问题，牢牢把握正确的政治方向，善于从政治的角度观察分析问题，善于辨别各种社会思潮和理论观点，下先手棋、打主动仗，该发声时善于发声，该出手时勇于出手，该亮剑时敢于亮剑，旗帜鲜明地支持正确的思想言论，旗帜鲜明地反对和抵制各种错误思潮和错误观点。

二是提高理论传播工作者业务本领。理论传播工作是做人的思想工作，在人的头脑里搞建设，必须具备很强的专业精神、专业素养、专业能力。这就要求我们一刻不停增强本领，掌握精湛的专业技能，做岗位上的行家里手，做专业领域里的专门家，讲群众喜欢听的宣讲，写群众喜欢读的理论文章，创作群众喜欢看的理论作品。要提升素质能力，必须深入基层和一线，善于观察、善于发现、善于分析、善于辨别，始终保持思想的敏锐性，善于透过现象看本质，善于把握事物发展规律，不断提高理论功底和语言文字能力，努力让理论传播引人入胜、深入人心。牢记以人民为中心的创作导向，坚持用理论服务群众，面向基层、深入基层、服务基层，以群众关心关注的理论问题为切入点，用朴实的理论语言和人民喜闻乐见的形式传播党的创新理论、阐释方针政策、传播主流价值，将党的声音传播到群众的心坎上，把人民群众的心声反映好，更好地架起党联系人民群众的桥梁。坚持把学习当作永恒的追求，在加强政治学习的基础上，结合理论传播工作实际深钻细研，打牢专业功底，广泛涉猎各方面知识，不断认识新事物、熟悉新领域、开拓新视野。要把实践作为增长才干的根本途径，把学习和思考紧密结合起来，在理论传播实践中练就透过现象看本质、廓清迷雾辨是非的本领，不断提高运用科学理论和丰富知识解决实际问题的能力。

三是锤炼理论传播工作者优良作风。持续深化作风建设，自觉弘扬理论联系实际的学风，发扬钉钉子精神，提高道德修养和人格魅力，永葆清正廉洁的政治本色。始终坚持和自觉践行党的群众路线，站稳群众立场、树立群众观点、增进群众感情，在深化作风养成、强化作风锤炼中展现新风貌、创造新业绩。坚持实事求是、求真务实，紧密结合思想和工作实际，把自己摆进去、把工作摆进去，切实纠正形式主义、官僚主义问题，切实纠正不担当、不负责、不作为的问题，当好理论传播工作的“挑山工”。坚持短实新、反对假长空，不断改进文风，把讲好故事作为改进文风的有效方式，多讲实话家常话，少讲套话场面话，力求清新朴实、生动鲜活，让群众听得懂、听得进，做到见人见事、见思想见精神，不断增强亲和力感染力吸引力。适应分众化差异化传播趋势，创新话语表达方式，采取群众喜闻乐见、易于接受的载体形式，运用老百姓的语言、青年人的语言，让理论传播更有情感、有温度。大兴调查研究之风，深入农村、社区、工矿、校园、军营，在基层了解国情党情、把握社会实际，拜人民为师、向群众学习，在与群众交流交心中把握群众需求、回应群众关切，不断增进人民情怀。

第十章

图书与理论传播

理论图书是传播党的创新理论的重要媒介。理论图书在传播深度、传播容量等方面具有报刊、广播、电视、网络和新媒体等传播媒介无可比拟的传播优势。进一步提升理论图书出版质量，需要在选题、撰写、编辑、制作、发行等环节下苦功夫，形成提高质量的整体合力。

一、提高理论图书出版质量的总体要求

理论图书出版是中国特色社会主义事业的重要组成部分，必须始终坚持党管出版的原则，牢牢掌握党对出版工作的领导权，始终将理论图书的质量放在第一位，不断提高理论图书出版质量。

提高理论图书出版质量必须旗帜鲜明讲政治。作为意识形态工作的重要阵地，理论图书出版必须强化政治意识，坚守对国之大者的责任担当，自觉为人民群众服务，为中国特色社会主义事业服务，用理论图书呈现党的创新理论、呈现中华优秀传统文化、呈现革命文化和社会主义先进文化，充分反映当代中国的发展样貌和人民群众的伟大创造。坚持以科学的理论武装人，以优秀的作品鼓舞人，始终把社会效益放在首位，赋予社会效益指标一票否决权，抵制一切低俗、庸俗、媚俗以及平庸的作品，社会效益不显著的理论图书一本也不出。关注社会进步和世界文明的发展，认真研究新形势新需求，科学制定理论图书出版规划，主动履行理论图书出版的社会责任，为全人类贡献中国理论和中国智慧。

提高理论图书出版质量必须旗帜鲜明讲质量。质量是理论

传播的生命。传播质量不高的理论图书不仅不能发挥理论传播的作用，还会贻误党的理论传播事业。必须准确把握理论图书市场需求和出版趋势，切实掌握营销渠道，善于运用发行与传播的新方式和新技术，促进理论图书供给侧体系优化。坚持问题导向、发展导向，适应新动能加速成长的需要，促进人才、技术、数据等创新要素合理流动和共享，充分发挥新动能要素，放大社会生产力的乘数效应，以更大的力度促进理论图书出版实现三个转变：从数量增加转向质量提升，扩大有效供给，创造新型供给，增强发展的质量优势；从规模扩张转向结构升级，提升理论图书出版产业价值和产品价值，加快生产要素流动和优化配置；从要素驱动转向创新驱动，从根本上发挥创新能力和人力资本的效应，提高全要素生产率。要运用管理科学、信息科学的理论和方法，加强出版信息的收集、存储、处理、运用，在理论图书出版的选题策划、编辑制作、营销传播等环节上下功夫，打造清晰的产品线和价值链，形成系列化的产品矩阵，增强产品的原创性、规范性、市场性、开放性，构建起相对稳定的作者群、专家群、客户群、监测群，实现理论供给与读者需求的精准对接。

提高理论图书出版质量必须旗帜鲜明靠人才。发展党的理论传播事业，关键在党，关键在人。理论图书出版业是智力密集型产业，是文化创意产业，需要理论作者和理论编辑贡献理论才华。人才是理论图书出版事业的第一资源，是提高理论图书出版质量的决定因素。理论图书的选题高度依赖智力资源，必须有一支高素质的理论图书编辑队伍。在新发展阶段，必须把理论作者和理论编辑队伍建设放在更加重要的位置，培养一大批有情怀、有格局、有思想、有担当、有技能、有追求的专业化理论编辑和理论作者队伍。要提高理论图书编辑的专业化能力，包括选题策划能力和专业编校能力，还要有新技术运用能力和图书宣传推介能力，保障理论图书的内容质量、编校质量、印装质量和传播质量。理论图书出版单位要建立复合型人才队伍，形成包含战略管理、内容策划、编辑校对、出版发行等全要素人力资源体系，不断增强理论传播能力。

二、提高理论图书选题策划质量

好题目是好文章的一半。选题策划对于理论图书出版具有举足轻重的作用。有好选题不一定能够写出好图书，但选题不好则肯定写不出好图书。书稿编辑加工解决的是“怎样出书”的问题，选题策划解决的“出什么书”的问题，两者都很重要。因此，我们要把选题策划作为提升理论图书出版质量的第一关，高度重视，精心策划。

精心策划重大选题图书。马克思主义经典著作的再版和重印，是理论图书出版的重点。马克思主义中国化最新成果的出版，则是理论图书出版的重中之重。我们党历来高度重视出版马克思主义经典作家和党的领袖的著作，设立有专门机构负责此事。党的十八大以来，我国编辑出版了习近平总书记多种论述摘编、专题文集和重要文献选编。特别是，《习近平谈治国理政》第一卷、第二卷、第三卷的出版，意义重大而深远。截至目前，《习近平谈治国理政》已出版几十个语种和版本，发行遍及近200个国家和地区。这部著作已经成为全世界读者读懂习近平新时代中国特色社会主义思想、读懂中国共产党、读懂新时代中国的首选读本。

精心策划重点选题图书。出版单位要把握理论图书出版趋势，持续优化选题结构，突出重点选题，着力推出一批群众喜爱的优秀理论读物。一是聚焦学习宣传习近平新时代中国特色社会主义思想，精准阐述党的创新理论的重大意义、科学内涵、精神实质和实践要求，深刻阐述这一重要思想的具体内容、产生过程，力求把政治化转化为大众化，以接地气的阐述方式满足不同层次读者的学习需求。以习近平总书记所引用的古代典籍和经典名句为切入点策划理论图书，推动党的创新理论的生动阐释与广泛传播。二是全方位多角度展示党的创新理论实践成果。全景式再现党的辉煌历史，对党史研究中的一些重要专题进行系统梳理和深度研究，推出一批重要文献资料，运用可信的史实生动再现中国共产党团结带领人民创造世所罕见的“两大奇迹”的历史进程，多角度多层面阐述红色精神，传承红色基因。三是从宏观层面纵向展示新中国发展的光辉历程和伟大成就，从中观层面反映地方性、区域性发展成就、行业和领域内的丰硕成果，从微观层面描述中国人民追梦圆梦的故事，凝聚中华民族伟大复兴的磅礴力量。四是围绕育新人这一主题，自觉以党的创新理论为指导，更加贴近现实地出版普及性通俗理论读物，宣传解读社会主义核心价值观。五是围绕回答新时代重大理论和现实问题，深入研究、精准阐述马克思主义及其中国化问题，积极开发本土哲学社会科学研究成果，推出兼具学术性、思想性、文化性的名家之作，推动哲学社会科学成果的传承和发扬。

三、提高理论图书撰写质量

理论图书必须具有较强的理论性、权威性、针对性和可读性，直面现实、直面群众、直面热点、直面问题，生动形象地宣传阐释党的创新理论，努力做到观点权威准确、论述深入浅出、语言通俗易懂、文风清新简洁，真正在引导和帮助干部群众学习领会党的创新理论中发挥重要作用。

撰写理论图书需要直面党员干部群众关心关注的重大理论和实践问题。党的创新理论是一个博大精深的科学理论体系，是一个思想理论宝库。理论图书要想吸引读者，最要紧的就是紧密结合读者的思想实际和工作实际，用深入浅出的理论语言把干部群众关心的热点难点问题讲清楚、讲明白、讲透彻。这就要求理论图书的作者在深入调研的基础上，进行认真梳理，围绕如何释疑解惑、如何贯彻落实等与大家紧密相关的话题来展开阐述，既要阐释好党的理论体系中最核心最重要的理论问题，又要回应好人民群众最关注最关切的实践问题，从而起到纲举目张的作用。

撰写理论图书需要弘扬理论联系实际的学风。马克思主义深深扎根于人民群众的伟大实践，既来源于实践又指导实践。撰写理论图书必须以理论为指引，从实践讲起，从事实讲起，从人民群众的日常工作和生活讲起，善于用群众身边的事例、现实的工作和思想状况、权威的统计数据来生动阐释党的创新理论，寓理论伟力于人民群众的生活叙事。特别是，善于从具体的事情切入，由点及面，借事言理，着力增强理论图书的说服力，让读者深刻理解党的创新理论带来的历史性成就和历史性变革，从而增进内心深处对党的创新理论的情感认同。

撰写理论图书要注重做到情理交融、以情动人。人是感情动物，能够打动人的心灵的图书才是好图书。理论图书要是板着面孔讲道理，就很难讲到群众的心坎上。撰写理论图书一定要带着感情来书写理论，把对党和人民事业的深厚感情融入叙事说理之中，努力做到以情感导入理论，通过真实自然的文字表达，在抒发真情实感中阐明深刻的道理，有效增强理论的可信度和感染力。理论图书要在字里行间真切体现爱党爱国爱民情怀，让真挚朴实的真情力透纸背、直抒胸臆，既讲为什么又讲是什么、怎么做，给读者以希望、给读者以信心、给读者以力量，让干部群众通过学习理论油然而生一种强烈的感情共鸣，从而增强对党的创新理论的情感认同和理论认同，进而从对思想理论的坚定信仰升华为对党和人民领袖的衷心爱戴，从对党和国家事业发展伟大成就的由衷赞叹延展到对人民群众美好生活的期盼向往，将浓浓的正能量转化为建设社会主义现代化国家的政治自觉和行动自觉，凝聚实现中华民族伟大复兴中国梦的磅礴力量。

撰写理论图书要注重做到深入浅出、通俗易懂。理论图书的读者对象不同于学术专著，撰写理论图书必须摒弃学术专著艰深难懂的毛病，精心提炼各级标题，精心组织内容体系，精心设计叙论模式，精心锤炼语言和表现手法，大量采用比喻、类比、举例、对比、引申等手法，大量运用干部群众熟悉的案例和数据，以小见大、引古喻今、由表及里，由浅入深地把复杂、深奥的理论问题大众化、通俗化，做到既易于理解又易于接受，潜移默化地引导干部群众掌握党的创新理论的核心要义和丰富内容，掌握贯穿其中的马克思主义立场观点方法，内化于心，外化于行，将理论学习成果转化为艰苦奋斗的实际行动。

撰写理论图书要注重做到信息量大、可读性强。撰写理论图书，目的是教育和引导大众。要想真正发挥教育和引导作用，就必须借鉴善于愉悦身心的大众读物的好写法好经验，做到寓教于乐，让干部群众乐于阅读、乐于分享。在写作方式上，要善于从干部群众的视角选择问题，善于用干部群众自己的语言阐释党的创新理论和党的路线方针政策，多用干部群众的身边人和身边事作为具体案例，在现实案例的生动刻画、历史故事的娓娓道来、数据变化的信手拈来中增强读者的阅读趣味；要在阐述理论的同时，引用一些中华优秀传统文化中的诗词名句、格言警句，努力让干部群众在乐享思想理论伟力的同时获得中华优秀传统文化的熏陶，获得启迪和教益。要坚持以人民为中心的创作导向，践行为读者着想、以读者为本的写作理念，在精彩的文字阐述之外，配以丰富的插图、问答贴士等形式多样的小栏目，立体地阐释党的创新理论，满足新媒体时代读者延伸阅读的需求和习惯，努力做到内容丰富、生动活泼，做到图文并茂、相得益彰，做到常写常新、引人入胜。

四、提高理论图书编辑质量

理论图书是政治产品。理论图书编辑是理论图书的第一读者。做好理论图书编辑工作首先要旗帜鲜明讲政治，锤炼坚实的思想理论功底、宽阔的学科知识背景、丰富的图书编辑经验，努力为作者和读者服务。提高理论图书编辑质量，需要在以下几个方面下功夫。

在确保政治正确上下功夫。应该说，从选题策划到作者选择就决定了理论图书的正确政治方向、正确政治立场，但编辑在拿到理论图书书稿之后，第一步仍然是看政治。理论图书的意识形态属性，要求理论图书编辑不断学习、掌握和运用意识形态理论，具有较高意识形态理论素养，具有较强意识形态敏锐性和判断力，能够守住意识形态阵地。编辑在审稿时，要增强政治意识、大局意识、阵地意识、导向意识，能够正确区分书稿中的政治问题与学术问题，于细微之处发现学术问题下所隐藏的政治倾向问题，区分出哪些内容不允许出版，哪些问题需要修正。例如，某位西方思想家的某句话虽然是正确的，但其政治立场是反动的，我们就不能容许这样的引用。再如，对重要人物的姓名需要进行全书比对，确保万无一错，防止技术性差错演变为政治性问题。还有，有的数据单独使用问题不是太大，但进行对比就不是很恰当，这样的数据也需要删去。

在确保引文准确上下功夫。理论图书一般会引用经典作家、党和国家领导人的文稿和讲话，这些引用必须逐字逐句核对，确保万无一错。凡是引用，都要找到所引的文献，进行文字的逐一比对。对那些有多个版本的文献，需要与最新的版本进行比对。特别是，对于同一个理论观点，党的领袖在不同时期不同场合可能会有意旨相同的多种表述，这需要与最新的表述做比对，并保持一致。这就要求理论图书编辑不断跟踪学习，掌握最新表述并铭记在心。引文核对是理论图书编辑的基本功，不能将这种核对后推给理论图书校对来进行，要以高度的政治责任感进行引文比对，坚决防止文字性差错演变为政治性错误。

在打造精品力作上下功夫。理论图书要想吸引读者，就一定要讲一些新话，讲一些读者不知道的情况和问题。好的理论图书，尤其是符合并推动主流意识形态发展的精品图书，必定是有所创新的图书，既要求作者在思想理论方面的创新，又要求编辑不断推出新类型、扩大新领域、开拓新的出书局面。理论图书编辑要具有较强的政治鉴别力，敢于保留理论图书中阐述的新情况、新问题、新对策，敢于保留理论图书作者的一些新观点、新方法、新路径，给读者以新启迪。善于挖掘具有真正思想文化价值的新观点新表述，通过理论传播使之成为人类共有的思想文化成果。善于剔除书稿中的不合适信息，善于捕捉当下社会所关注的焦点问题，努力把理论与实践方面的成果与经验展现出来，使理论图书更契合时代发展的主题与趋势。当然，编辑对书稿的加工需把握好度，不能越俎代庖，而是要多与作者沟通，在确保正确的前提下尊重作者的表述方式。理论图书编辑要不断提高纠错、润修、删减、改写、校订等方面的能力，准确把握政治性和政策性问题，熟练掌握出版相关的政策法规，努力编出精品力作，实现以科学的理论武装人、以正确的舆论引导人、以高尚的精神塑造人、以优秀的作品鼓舞人的目标。

五、提高理论图书制作质量

和理论传播一样，理论图书也讲究“内容为王”。一本书内容的好坏决定了书的成败。但是，图书设计制作也十分重要。

好的图书设计能够在图书发行中吸引读者关注，让阅读过程成为一种享受。提高理论图书制作质量，要在以下几个方面下功夫。

在提高理论图书校对质量上下功夫。理论图书要传播的是党的创新理论，文字差错往往会影响传播的质量和效果，需要格外强化校对。但是，随着出版社图书出版规模不断扩大，图书编辑质量与以往相比呈现出下降趋势，一些图书错字百出，影响了出版行业形象。理论图书出版单位一定要加强校对队伍建设力度，提高校对人员政治素质和业务能力，弘扬精益求精的工作作风，逐字逐句校对，确保万无一错。

在提高理论图书设计质量上下功夫。图书整体设计是对图书内容的视觉表达。只有掌握全面内容，才能生产出作者满意、读者喜爱的封面和装帧设计，才能使图书的内容和形式相得益彰。细心推敲理论图书的封面构图，精心选择印制纸张和印刷工艺，注重字体字号的选择和搭配，用精心设计获取读者青睐。理论图书通常篇幅长、文字多，具有严谨、厚重、沉稳的气质，装帧设计要充分体现这种气质特征，简洁明快，质朴庄严，匠心独运，真正为内容锦上添花。版式设计要适当留白，为读者提供阅读过程中思考与回想的时间与空间。理论图书插图精美是彰显图书制作水平的重要因素，要尽可能地选择效果更好的图片或对图片做更加细致的处理。

在提高理论图书印制质量上下功夫。理论图书印制质量一定程度上影响到干部群众对理论的感情和认同度。一本粗制滥造的理论图书往往会败坏理论本身的声誉；而一本印制精良、厚重大方、精心设计的理论图书则会拉近干部群众和思想理论之间的距离。理论图书出版单位要精心选择印制企业，加强对印制工作的全过程管控，确保印制质量，确保不出现缺页、漏印等各种质量问题。强化质量检验工作，确保干部群众学习的理论图书都是合格产品。

六、提高理论图书发行质量

编辑出版理论图书的目的是传播党的创新理论。做好理论图书发行工作，扩大理论图书覆盖面，是最终实现理论图书传播党的创新理论使命的关键。提高理论图书发行质量，需要在以下两个方面下功夫。

一方面，要依托理论宣传优势做好理论图书宣介工作。把握理论传播需要和宣传部门要求，紧跟时代发展步伐，出版思想理论精品。图书出版过程中，注重听取宣传部门的意见，确保书稿质量。图书出版后，要积极争取宣传部门支持，在主流媒体上宣传介绍理论图书的内容和作者，扩大受众面，激发阅读兴趣。注重发挥作者和作者单位的优势，做好理论图书申报奖项等方面的工作，邀请著名思想理论工作者撰写书评，召开理论图书研讨会，努力让理论图书获得更多宣传频次和宣传版面。在注重传统纸媒宣传的同时，及时跟进新媒体技术发展步伐，利用微信公众号、微博平台等新媒体进行理论图书推介。

另一方面，要善于运用理论图书发行优势扩大覆盖面。发挥各级新华书店理论图书发行的主渠道作用，全面铺开并保证供应，方便干部群众就近购买理论图书。针对机关、国有企事业单位等理论图书需求多的部门单位的特点，开展上门送书活动。根据不同品种理论图书的实际，采取组织参加书展、主题推介、线上线下联动等方式扩大理论图书发行面。组织开展送理论到基层活动，将理论图书免费送到新时代文明实践中心、农家书屋，让人民群众接受党的思想理论熏陶，促进党的创新理论“飞入寻常百姓家”。

第十一章 报刊与理论传播

报纸和杂志是传播党的创新理论的重要媒介。在理论传播中，在理论深度、传播容量等方面具有广播、电视、网络和新媒体等传播媒介无可比拟的优势。理论报刊既包括《求是》《学习时报》等专门从事理论传播的报纸和杂志，也包括具有理论传播功能的《人民日报》《旗帜》等党报党刊的理论版和理论栏目。我们进一步提升理论报刊传播力，需要在以下三个方面下更大功夫。

一、提高理论报刊选题策划能力

在信息化时代，时政新闻传播速度快，理论报刊面临出版周期相对较长的短板。选题策划是提高理论报刊核心竞争力的关键一招。提高选题策划能力，需要把握好五个关键因素，坚持党报党刊姓党原则，坚持问题导向，坚持以读者需求为牵引，立足作者队伍优势，把握理论传播的时机，不断提高选题策划的能力和水平。

选题策划要坚持党报党刊姓党原则。理论报刊是传播马克思主义中国化最新成果的重要媒介。坚持政治家办报办刊，保证理论报刊的社会主义方向，一直是党对理论报刊的根本要求。理论报刊必须坚持党报党刊姓党原则，不断增强严守党的政治纪律和政治规矩的思想自觉和行动自觉。坚持从理论传播工作大局出发，研究确定理论传播年度主题主线；瞄准有重大实践意义的理论问题和有重大理论意义的实践问题，研究确定理论传播重要选题。例如，每次党中央全会成功召开后，传播全会精神都是当年理论传播的重中之重，这就要求我们提前策划好系列选题，组织思想理论界著名专家学者撰写辅导文章，邀请有关部委主要领导发表署名文章，深入解读全会精神，并对有关部门和单位如何贯彻落实全会精神提出前瞻性的意见和建议。实践证明，理论报刊选题策划必须严把政策理论关，牢牢把握选题要为党和国家工作大局服务的办报办刊方针，努力使选题符合马克思主义基本原理，符合马克思主义中国化理论成果，符合党的路线方针政策。选题策划要坚持正确的舆论导向，严格遵循国家有关法律法规，弘扬主旋律，传播正能量，为实现经济社会高质量发展发挥好思想引领作用。

选题策划要坚持以正在做的事情为中心。理论报刊要有强烈的问题意识，坚持以重大问题为导向，抓住重大问题和关键问题进行理论引导，为推动解决我国发展面临的一系列突出矛盾和问题贡献理论力量。这就要求我们瞄准中国经济新常态、京津冀协同发展、长江经济带建设、机关企事业单位职工养老金并轨等关系经济社会发展全局、关系人民群众切身利益的重大现实问题，组织专家学者进行深入研究，提出对策建议，推动政策落实。实践证明，理论报刊选题策划要坚持以正在做的事情为中心来组织选题策划，一方面，要以敏锐的理论眼光及时捕捉经济社会发展中亟待解决的重大现实问题，策划理论传播的重点选题；另一方面，要以宽广的理论视野及时掌握理论研究前沿信息与动态，策划理论传播的重要选题。无论是哪一类选题，都要找到独特的理论视角，根据理论报刊自身的发展定位、特色和优势，找准选题切入的角度和方式，形成符合本报本刊要求的具体选题，通过选题策划和理论传播促进问题的解决。

选题策划要坚持以目标读者需求为重点。报刊是为读者服务的。无论哪一种报刊，都不太可能以所有人为读者对象。因此，在选题策划时要牢固树立读者意识，瞄准党政干部、企事业单位管理人员、知识分子、青年学生等理论报刊细分读者群来策划理论传播主题。针对党政干部读者的需求，将党的建设、依法治国等作为选题策划的重点；针对企事业单位管理人员读者的需求，将深化改革、经济社会高质量发展作为选题策划的重点；针对知识分子和青年学生读者的需求，将反腐败斗争、军事国防等作为选题策划的重点；唯有提高选题策划的针对性，才能在巩固原有读者群体的同时拓展新的读者群。实践证明，理论报刊要在全面传播党的创新理论的基础上，根据细分读者群和报刊定位精细策划重点传播选题，为目标读者提供贴心有效服务。

选题策划要准确把握作者队伍实际。理论报刊的选题策划不仅要考虑目标读者群的理论需求，也要考虑作者队伍的理论研究成果与理论需求的匹配度，当好理论传播主体和理论传播受众的桥梁和纽带，努力将读者需求与作者理论成果融通起来。在选题策划时，一方面，要发挥作者理论研究优势，通过高质量的理论研究成果吸引和培养忠实的理论粉丝；另一方面，要通过反馈读者需求来牵引作者深入研究读者关心的重大理论问题，提高理论传播的针对性和有效性。每逢重要理论和重大政策出台，可以设计系列重磅理论文章，约请参与调研起草工作的作者进行专题解读，约请理论功底深厚的专家进行深度解读，约请实践经验丰富的领导干部谈如何贯彻落实，力求每个专题都从理论、政策、实践等不同视角讲准、讲深、讲全、讲透，让读者真正理解和把握新理论新政策。实践证明，作者队伍是理论报刊的生命力之源。报刊编辑在策划选题之初就需要把读者需求与作者队伍优势结合起来通盘考虑，选择那些能够准确领会中央精神、深刻把握工作实际的作者来撰写理论文章，并注重以老带新，培养理论新人，发挥作者群体优势，不断提高理论传播的质量和水平。

选题策划要切实增强前瞻性和预见性。理论报刊选题策划的目的是提高理论传播的有效性。与移动互联等新媒体比起来，报刊时效性不够强。这就要求报刊编辑强化超前思维，善于追踪时代发展脉搏，贴近时代发展需求，反映时代发展主题，从经济社会高质量发展的伟大实践中策划理论传播选题，满足读者理论需求，引领读者阅读方向。例如，在五年规划启动编制之前，组织相关研究机构参与规划编制及前期调研的专家学者，撰写文章深度探讨未来五年的发展方向，为各级党政干部编制和审议五年规划提供参考思路。再如，在中央全会之前，根据全会议题，提前组织专家撰写文章，并根据会议公报和决定精神加以修改完善，以保证在全会后最新一期及时刊发。实践证明，理论报刊编辑要提高理论预见力，针对干部群众关心关注的重大问题，跟踪思想理论研究动态，研究重大理论和政策，不断提高选题策划的前瞻性和预见性，使得理论传播和理论引导更有针对性。

二、加强理论报刊作者队伍建设

作者是理论报刊的活力之源。要想提高理论传播的质量和水平，作者队伍建设十分重要。理论报刊编辑要增强为作者服务意识，加强联系和沟通，努力发现和培养一支爱写理论文章、会写理论文章、善于写出彩理论文章的作者队伍。

用准确定位凝聚作者。古人云，物以类聚，人以群分。理论报刊的作者在投稿之前，乃至写文章之前，一般会看看报刊作者都是哪些人，报刊是否与自己的研究领域吻合。理论报刊的编辑要根据定位，逐步建设起一支以学养深厚、在全国有较高知名度的专家学者和有丰富实践经验、热爱理论研究的党政干部为主体的作者队伍。准确把握办报办刊宗旨、准确把握目标读者群，逐步建起一支政治站位高、理论功底厚、人品好的高素质作者队伍，努力办出理论报刊的特色和品质。

用事业平台吸引作者。为理论报刊写文章，多数都不是为了评职称或者赚稿酬，要吸引知名专家学者和党政干部为理论报刊写文章，需要提高报刊的品位和档次，让作者认为是一个很好的事业平台，发表文章对于深化理论学习、深化政策研究、宣传展示形象确实有作用，这对理论报刊编辑的政治素质和专业能力是一个不小的考验。解决这个难题，可以针对作者的不同需求和特点采取对策增强理论传播平台对作者的吸引力。例如，将作者的核心观点提炼出来，形成内部参阅材料上报，成为领导了解部门和地方工作情况的一个重要窗口；将作者在文章中反映的实际问题及时转给有关部门，推动政策落实和难题破解；将作者的建言献策分门别类汇编，及时报送有关部门和单位，为科学决策提供重要参考。总之，事业是最大的气场，事业是最强的磁极，正确科学地运用理论报刊的渠道能力是吸引优质作者的关键。理论编辑既要思读者之所需，也要想作者之所盼，努力为作者提供优质服务，让理论之花结出实践硕果。

用专业眼光寻找作者。优秀的理论文章作者是稀缺资源，这就要求理论报刊编辑不断提高政治素质和专业能力，练就一双识人慧眼，善于从海量信息中寻找到最合适的作者。例如，可以从领导讲话中寻找作者。领导干部、专家学者的讲话，能够反映其政策理论水平和思想深度，理论报刊编辑要善于从讲话中挖掘出那些掌握中央精神和实际情况，勤于思考，富有创见的作者。再如，可以从理论文章中寻找作者。熟能生巧，经常写理论文章的作者才能写出好文章。理论报刊编辑要运用中国知网等查询平台，掌握哪些作者在本专业发过高质量的理论文章，了解投稿作者以前发表理论文章的数量和质量，从而找到合适的作者。善于发现作者是理论报刊编辑的基本功。在选题策划和约稿组稿阶段，编辑一定要对作者有比较深入的了解和甄别，努力找到符合报刊宗旨和定位的作者。

用敬业精神感染作者。理论报刊编辑拟约稿的专家学者和领导干部大多具有较高知名度、担负重要工作职责，工作忙，约稿多，约稿成功率较低。这就要求编辑下苦功夫，提前做好准备工作。例如，约作者写自己最想写的稿件。中央出台深化教育体制改革的文件，编辑就约请教育部门领导干部谈谈改革举措的出台背景和贯彻落实中需要正确把握的政策；中央领导肯定自贸区创造的经验，就约请相关地方领导谈谈有哪些可以复制推广的好做法。这样的约稿一般都会得到作者的积极回应。再如，就是约作者写自己最擅长写的稿件，约请参与文件起草工作的专家学者解读文件精神，约请重大事件亲历者撰写回忆文章，一般能够收到需要的作品。总之，只要理论报刊编辑多读作者以前发表的作品，掌握作者的长处，理解作者的需求，用勤奋敬业的工作态度拨动作者的心弦，就一定能够感动作者，约到高质量的理论文章。

用严格要求引导作者。作者比编辑职位高、名气大、理论功底扎实、专业学养厚重，编辑一定要认真向作者学习、向作者求教，但决不能来什么稿件就发什么稿件，而是要严格按照报刊标准对来稿进行编辑加工。例如，有的领导干部的理论文章多是介绍本部门、本地区、本单位的做法和成效，并总结提炼出一些经验体会。理论报刊编辑要从全党全国的高度出发，从实践经验中提炼出具有普遍意义的理论观点，协助作者进一步完善提升文章的思想性和理论性。再如，一些作者凭记忆引用经典和著述，引文与原文不完全一致，这就需要编辑认真细致地一一查证，并与作者沟通订正。再如，有的作者工作忙，写的文章有不符合写作规范的地方，编辑要改正过来。编辑对文章严格要求是对作者的尊重和负责，不但不会招致作者的反感，还能够为编辑赢得职业尊严和人格尊重。

用真诚服务激励作者。唯有真情才能换来真心。编辑坚持不懈为作者提供贴心服务，是加强报刊作者队伍建设的基础性工作。例如，提供贴心的稿酬服务。稿酬是拉近作者与报刊距离的重要手段之一。作者可能真的不缺这点报酬，但很享受拿到稿酬之后的成就感。经验表明，给作者稿酬确实会增强作者对报刊的认同。每次刊发稿件后，都及时发稿酬。对于需要缴纳个人所得税的，提前在稿酬中代为扣除缴纳，并将缴税情况及时报告作者。考虑到报刊作者大多需要申报年度收入，还向作者报告每年稿酬总数。

再如，文章发表后，及时向作者寄样刊。作者文章被其他媒体转载的，及时向作者通报信息，主动帮作者协调转载稿酬。此外，还要强化与作者的沟通联系。在重点作者生日等重要时点，发祝福信息；定期向重要作者介绍报刊选题计划；及时向作者反馈文章发表后在读者中的反响；邀请作者参加报刊社举办的学术论坛；等等。总之，编辑的真诚服务确实能够提高作者队伍的忠诚度和凝聚力；要想报刊具有影响力和竞争力，编辑一定要用心用情为作者服务。

三、加强理论报刊编辑队伍建设

理论传播的质量在很大程度上取决于编辑队伍的整体素质。加强编辑队伍建设是提升理论传播有效性的基础和关键。提高理论传播力，首先必须加强理论报刊编辑队伍建设，努力培养造就一支政治合格、业务精湛、结构合理、充满活力的高素质编辑队伍。

着力提升编辑政治素质。传播党的创新理论必须旗帜鲜明讲政治。政治合格是对理论编辑的首要要求。编辑必须不断提高马克思主义理论素养。要加强理论武装工作，引导编辑认真学习马克思主义理论，深入学习领会党的创新理论的科学体系、精神实质、实践要求，掌握贯穿其中的马克思主义立场观点方法，掌握马克思主义中国化理论成果。加强法治教育和道德修养，引导编辑遵守和维护法律法规，在政治信仰、政治素质、政治能力、政治品格上严格要求自己，在做事态度、为人价值、工作担当、生活境界等方面有更高追求。与此同时，还要加强文化培育，引导编辑打牢中华优秀传统文化基础，学习和掌握中华传统文化经典，不断提升传统文化素养。同时，还要具有广阔的国际视野，增强理论向海外公众传播能力。

着力提升编辑业务素质。专业化是理论编辑的立身之本。要通过学习和培训，着力提升理论编辑的政治鉴别能力、选题策划能力、约稿组稿能力、编辑加工能力、业务提升能力。加强编辑专业知识培训，学习编辑工作相关法律法规，学习编辑工作新理念、新知识、新技能，掌握编辑专业基本理论、基本知识和基本方法，提高编辑工作实务操作能力，提高理论编辑的核心素养和能力。把握理论编辑特点，加强理论知识培训，参加相关学科领域学术交流活动，参与相关学科课题研究，增加相关学科知识储备，掌握相关学科基本原理和基础知识，在全面学习理论的基础上努力成为某一学科领域的专家。以认真负责的工作态度和严谨细致的工作作风，严格理论文章把关，认真编辑加工，务求精雕细刻，产出精品。

严格实施职业准入和岗位准入制度。要提高理论编辑的职业化水平，落实职业准入、岗位准入制度十分重要。实施报刊编辑职业准入和岗位准入制度是严把编辑人才队伍入口关，提高理论编辑专业水平，增强理论传播有效性的重要举措。要严格落实相关制度，将不符合编辑岗位要求的人员挡在编辑队伍之外。对进入编辑队伍的新人，要加强思想政治工作，营造浓厚的荣誉氛围和鲜明的荣誉导向，树立社会主义核心价值观，保持勤奋敬业、昂扬向上的精神状态。坚持从编辑职业特点出发，健全完善理论编辑激励约束机制，尊重编辑劳动成果，引导编辑职业发展，激励编辑开发自我潜能，在创新创造中实现人生价值。

创造有利于理论编辑成长的良好环境。编辑是办好理论报刊的核心力量，也是建设中国特色哲学社会科学的重要力量。高度重视编辑队伍建设，尊重编辑创造性劳动，制定编辑人才激励和培养方案，从制度上关心编辑成长。制定科学合理的考核和激励制度，在岗位认定、编辑劳动量统计、职称晋升上公平对待编辑，打通编辑成长的顺畅通道。结合行业规范要求，及时跟踪全媒体技术的发展要求，制定针对性的培训计划，向年轻编辑和技术编辑倾斜，创造年轻编辑快速成长的环境，提高理论把关人的理论及业务水平。创造条件让学术编辑参加学术活动，在学科项目申报、重要奖项评选时，拿出专项资金奖励有突出贡献的编辑人才，在学术共同体中培养专业素养，练就学术能力，与专家学者共进步。

第十二章 广播与理论传播

声音是心灵的符号。广播理论节目以音频作品形式，对党的创新理论和党的路线方针政策进行深入解读，对马克思主义理论进行大众化传播，让党的创新理论“飞入寻常百姓家”，积极引导社会舆论，是理论传播的重要载体之一。近年来，以《宣讲时间》等为代表的广播理论节目，发挥广播传播广泛、声情并茂等优势，对马克思主义中国化最新成果进行解读，在不同年龄段听众中，尤其是在中老年群体中达到了良好的传播效果。实践证明，广播理论节目是十分重要的理论传播途径之一，具有独特的传播优势和魅力。

一、各地运用广播传播党的创新理论的探索

广播覆盖面广，在工人、农民、解放军战士中拥有大量听众，特别受到中老年听众和开车一族的青睐。广播理论节目对听众掌握理论程度的门槛要求相对较低，是让党的创新理论“飞入寻常百姓家”的重要载体。党的十八大以来，各地广播电视台和党委讲师团联合，加大了理论传播工作力度，开办了许多有重要影响的广播理论节目，探索了理论传播新途径。

山东广播电视台《宣讲时间》节目。这档节目结合山东实际，通过不同层面、不同角度的政策理论分析，把党的创新理论、党的路线方针政策、科学知识传播给人民群众，积极推动党的创新理论大众化，不断提升党员干部群众的理论素养，为实现中华民族伟大复兴的中国梦凝聚力量。《宣讲时间》节目每期分为宣讲快报、干部讲政策、专家讲理论、百姓讲故事等四个版块，重点

宣传理论、政策、文化、道德、法治等方面的内容，成为山东干部群众汲取理论营养、鼓舞干劲的重要平台。

湖北广播电视台《党的基础知识问答》节目。这档节目每期三分钟，针对一个特定的主题，向听众宣讲阐释党的基本知识、党的路线方针政策、党的纪律、社会主义核心价值观等方面的内容。每期节目都固定安排在湖北之声整点时段之前播出，形成了相对固定的听众群体。节目的录音作品被放在多个新媒体平台多频次不间断传播，在听众中产生了强烈反响。

吉林广播电视台《有理讲理》节目。这档理论节目的定位为“身边人说身边事，百姓话讲大道理”，节目邀请专家学者及草根宣讲员用通俗易懂的语言就人们普遍关注的热点问题进行分析讲解。这档节目力求以互联网思维，全媒体形式，用群众听得懂、能接受的话语传递思想的力量。节目组还可以利用微信公众平台与听众互动，听众可以在微信平台上向嘉宾提出问题、获得理论热点解读等内容。

二、广播理论节目必须坚持内容为王

广播理论节目既要办好又要办活。办好是说要牢记理论传播的政治方向，聚焦传播党的创新理论这个主题和主线，全面系统准确传播党的创新理论和党的方针政策，确保理论传播有效管用；办活是指遵循广播传播规律、针对听众需求和习惯，创新表达方式，让听众听得懂、喜欢听，听了记得住、用得上。办好是根本，办活是为办好服务的，绝对不能为了追求形式生动活泼而损伤内容的准确性。这就要求广播电台坚持将学习宣传党的创新理论作为长期政治任务，坚持内容为王，系统谋划广播理论节目内容，唱响时代主旋律。

围绕党的创新理论策划广播理论节目内容。广播电台要围绕让群众听得懂、能领会、可落实来系统策划广播理论节目，全面系统地对党的创新理论进行全景式解读和呈现。根据广播特点，策划系列专题节目，每一期节目都紧紧围绕党的创新理论中最鲜明的论点来展开，与基层一线的发展实例相互印证，做到节目主题具体而集中，理论学习宣传直中靶心，形成理论传播的规模效应，推动党的创新理论落实落细、深入人心。

围绕关系听众切身利益的工作实践策划广播理论节目。研究表明，人的听力和人的利益呈现出较强的相关性，与自己利益密切相关的信息最想听、听得清、记得牢。因此，广播电台在宣传党的创新理论时，要和听众正在做的事情紧密联系起来，多传播群众关心关注的理论知识点，做到知信行贯通，努力让理论之花结出丰硕的实践成果。广播理论节目要紧紧围绕本地区经济社会发展实践来策划选题，把理论指引实践的成果展示出来，让听众从党的十八大以来党和国家事业取得的历史性成就中领悟真理伟力和思想伟力。将理论传播和经验介绍结合起来，聚焦发达地区好经验好做法，有针对性地进行对比引导，增强理论传播的质量和效果。

围绕听众身边事策划广播理论节目。宣传党的创新理论不能就理论讲理论，必须弘扬理论联系实际的优良学风，贯彻落实让党的创新理论进机关、进企业、进农村、进军营、进校园、进社区、进网络的要求，讲好听众身边的故事。通过讲故事将理论联系实际落实到广播节目之中，将抽象的理论转好为具象的故事，吸引听众的注意力。每期广播理论节目，既有党的创新理论中的重要论述，又有践行党的创新理论的典型案例，还有细节刻画的小故事来印证理论的真理伟力。让案例更加饱满厚实，广播理论节目才有好的传播效果，才能通过讲故事让理论春风化雨、润物无声。

围绕听众身边人策划广播理论节目。人民是物质财富的创造者，也是精神财富的创造者，人民是真正的英雄。研究表明，人们更愿意听到熟悉的身边人的情况和声音。因此，广播理论节目要想吸引听众，就一定要关注群众身边的时代英雄以及这些英雄身上所体现的时代精神。在广播理论节目中，要将话筒更多聚焦听众身边的先进人物，要多宣传群众身边的学习理论典型、多宣传群众身边运用理论成功指导实践的典型、多宣传群众身边运用理论指导成功改变命运的典型，用可敬、可感、可学的故事，增强广播理论节目感染力。广播理论节目要关注普通人的奋斗追梦故事，为群众身边的典型人物树碑立传，展现本地区本行业涌现出的时代人物群像，挖掘典型人物的精神世界，展示经济社会发展的沧桑巨变，诠释经济社会发展的力量之源，为新时代培根铸魂，为实现中华民族伟大复兴中国梦凝聚磅礴力量。

三、广播理论节目必须注重制作质量

要实现让群众接受党的创新理论的目的，必须让广播理论节目既有意义又有意思，让节目活起来、传开去，让节目能抓住听众的心，切实解决好“节目好不好听，听众喜不喜欢，会不会持续收听”这个基本问题。以宣传党的创新理论为主要内容的广播理论节目，怎样在理论节目内容、形态、语态等方面实现创新突破，吸引听众持续收听，并潜移默化地接受党的创新理论，是一个值得深入研究的现实课题。

通过短节目，把听众的碎片化时间运用起来。广播的最大优势是用耳朵接收信息，可以把手脚和眼睛解放出来，可以一边开车一边收听广播，甚至一边干活一边收听广播。但因为仅仅是听，一两次不一定能够记住，而且持续的时间不会很长。因此，广播理论节目需要主动为听众着想，把听众碎片化的时间运用起来，聚沙成塔，不断提高理论素养。例如，有的广播理论节目每期播出时长为几分钟，讲解一个知识点，将理论性的内容化繁为简，以音频作品在无线电波中呈现，让听众喜欢听、听得进、记得牢。这类节目的反复播放，能够在不知不觉中让党的创新理论在听众心中扎下根来。

通过趣味化表达，把听众的注意力吸引住。广播理论节目要是全部都是念文章，则很难吸引听众的注意力，传播效果也会打折扣。有的广播理论节目设计男女搭配的两个声音形象，生动活泼、深入浅出地传播党的创新理论和党的路线方针政策，通过甜美活泼的女声提问、端庄大气的男声回答，以声音上的反差让听众更直观了解节目表达方式。有的广播理论节目由老师布置学习任务，带动并引领整个学习过程，采用两组学生通过抢答等形式展示学习成效，让节目更好听、更有吸引力。通过这些互动和趣味问答的方式，生动活泼地将党的创新理论和党的路线方针政策进行创新表达和创新传播，趣味性强，能够吸引听众的注意力，而且记得住、用得上。

通过现场感，增强广播理论节目的感染力。广播理论节目不能长期使用“一人念、大家听”的模式，需要在生动活泼上想办法、做文章，增强理论传播的感染力。例如，有的广播理论节目一改照本宣科读稿子的老做法，将播音室搬到工作和生活一线，把政府部门负责人、党代表、人大代表、政协委员、专家学者、群众代表等请到一起，通过专家讲解、群众谈身边人和身边事、记者现场采访等形式，共同探讨群众身边难题如何破解，当面解疑释惑，宣传党的创新理论和党的路线方针政策，宣传新时代带来的新变化，听众听得懂、喜欢听、记得住，提升了广播理论节目的影响力，开拓了理论传播的新空间。

通过课堂化模式，增强广播理论节目的听众黏性。广播理论节目要想让听众听了还想听，需要设置一些悬念来吸引听众、黏住听众。例如，有的广播理论节目借鉴课堂教学模式，在节目的最后，固定设置了一个留作业的小单元。每期节目都留下思考题，下一期节目再公布答案。通过播音员和听众之间的互动，增强广播理论节目的对象感，增强节目之间的连贯性，让听众听了上期就等着听下期。

通过雕琢广播语言，凝聚广播理论节目的听众。好听的声音本身就能够吸引人，好节目越听越上瘾就是这个道理。因此，广播理论节目的语言不能说晦涩艰深的书面语，要采用接地气、聚人气、有生气的群众语言，将深奥的道理转化为群众爱听的故事，增强理论传播的有效性。广播理论节目的编播人员要把中央精神领会透，把群众的急难愁盼问题了解清楚，善于运用沾泥土、带露珠、冒热气的群众语言，善于运用富有感染力的音乐，加强与听众的互动交流，让严肃的理论知识变得形象直观、生动有趣，真正让听众喜爱听，听了有触动。

四、做好广播理论节目传播工作

广播的特点是方便快捷、覆盖范围广、听众队伍庞大，但又有一听而过，不留痕迹的局限性。在移动互联时代，广播理论节目不应再是单一的电台传播一种形式，而是要在提升理论节目品质的同时，深入扎实做好广播理论节目融合传播工作。

一方面，把握广播传播特点，用好广播理论节目中的音响效果。广播理论节目要借鉴新闻类、专题类节目，引入录音报道、人物访谈等新表现形式，拓宽传播空间。在广播理论节目中，合理设计的音响能够唤起听众的新鲜感，激发听众的注意力，起到画龙点睛的作用。在广播理论节目中，采用对话、座谈、记者访谈等形式，有提问，有讨论，能够增强报道的现场感、增加节目的感染力和可信度。在专家学者解答和阐述的过程中，适当配些音乐，在节目之后，送上合适的歌曲，在晓之以理的同时动之以情，使得理论节目更生动、亲切、活泼，给人以新颖独特的听觉体验，必然会在听众中产生强烈的共鸣。在广播理论节目中，需要选择恰当的音响，让说理与现场音响完美统一，避免音响与文字相互脱节，努力做到真实、和谐、自然。

另一方面，需要做好融合传播工作。将无线调频广播理论节目的音频作品录下来，在农村大喇叭中定时播放，把党的创新理论送到农民群众的心坎上。发挥媒体融合优势，将广播理论节目放在网络、客户端、微信、微博等新媒体平台传播，让对理论感兴趣的听众边工作边收听。加大节目本身宣传推广力度，推出视频动态海报、H5等系列推广内容，配合广播理论节目的播出。在学习强国学习平台上推送专题节目，提高收听率和点击率。开通广播理论节目抖音官方账号，随传随学，扩大节目覆盖面。对广播理论节目中的精彩片段、人物故事、背后花絮等进行二次开发，制作短视频，形成二次传播，扩大节目的知名度和影响力。把好的广播理论节目资源进行整合利用，将好的节目内容编辑成理论图书，召开图书出版座谈会，向读者宣传广播理论节目，提升理论节目的美誉度。

第十三章

电视与理论传播

电视理论节目以影像视听形式，对党的创新理论和党的路线方针政策进行深入解读，对马克思主义理论进行通俗化、大众化、电视化传播，积极引导社会舆论，让党的创新理论“飞入寻常百姓家”，是理论传播的重要载体之一。近年来，以《中国共产党为什么能》等为代表的电视理论节目，发挥电视媒体画面直观、声情并茂等优势，对马克思主义中国化最新成果进行解读，在不同年龄段观众中，尤其是在青年群体中达到了良好传播效果。实践证明，电视理论节目是十分重要的理论传播途径之一。在众多理论作品中，电视理论节目以其可视化而独树一帜，既有理论宣讲面对面传播的良好效果，又具有报刊、广播、移动互联等媒体广泛传播的优势，因而具有独特的传播优势和魅力。

一、电视理论节目内容策划

内容是电视理论节目的灵魂。我们要坚持“内容为王”的创作理念，用多样的电视手法和生动的理论语言，传递丰富深刻的思想内容，将党的创新理论以电视理论节目的形式呈现给观众，让电视理论节目既有意义又有意思，在以娱乐为主要功能的电视节目中独树一帜，不断开创马克思主义理论传播新局面。

内容选题策划要做到紧扣理论创新和时代主题。电视理论节目的宗旨是传播当代中国马克思主义、21世纪马克思主义，必须紧扣时代主题来策划选题，让观众获得耳目一新的视听体验。内容是根本，电视表现形式要为展示内容服务。因此，电视理论节目要想得到观众认可，既要体现鲜活清新的艺术风格，更要体现丰富扎实的思想理论内涵。要坚持通过镜头深入挖掘理论指导实践的生动事例和丰硕成果，促进党的创新理论在中国大地上不断走深走实。例如，中央宣传部理论局、江苏省委宣传部、江苏省广播电视总台联合制作的电视理论节目《马克思是对的》，紧紧抓住千年第一思想家卡尔·马克思200周年诞辰这个重要契机，邀请理论研究专家和青年代表共同对马克思成长历程和经典理论进行深入解读，带领观众深刻领会党的创新理论源泉，在敬仰千年思想家的同时领悟新时代的新要求。再如，浙江省委宣传部和浙江卫视推出的电视理论专栏节目《中国共产党为什么能》，包括《第一季：十九大精神面对面》《第二季：红船》《第三季：激荡——改革开放40年的浙江实践》《第四季：浙江精神》《第五季：起来》《第六季：治理》《第七季：初心》等理论节目，深入阐释党的创新理论，引导广大党员干部深刻领会党的创新理论的核心要义和精神实质。这些节目的选题都具有鲜明的时代特色，将党的十九大精神融入其中，让观众对新时代中国特色社会主义有了更加深刻和全面的认识。

内容脚本编排要做到内涵丰富和逻辑严谨。电视理论节目文字脚本的质量直接影响理论传播效果，对于观众更好理解和吸收理论知识具有重要作用，必须讲究内在逻辑和内容编排，用严谨的逻辑结构和理论自身的真理力量来凝聚观众，用丰富的内容和贴近群众的演示来吸引观众。唯有如此，才能让电视理论节目真正立体生动，打动观众心灵，真正取得理论传播的实效。理论节目的文字脚本不仅要导向鲜明、内容正确，而且要做到充满真理力量，能够吸引观众注意力。理论节目要做到叫好又叫座，要精心打造电视理论节目脚本。脚本要真实、准确地传播党的创新理论，要有鲜活清新的文风、可亲可近的气场、生动走心的故事，努力将理论通俗化，以简短而生动的故事作为宏大主题的切入口，让节目的表现形式和传播形式都极富亲和力、感召力。例如，中央宣传部、中央广播电视总台联合创作的《百家讲坛》特别节目《平“语”近人》，以习近平总书记引用的古代典籍和经典名句为切入点，设计原声微视频、思想解读、经典释义、现场访谈、互动问答、经典诵读等六个环节，文字脚本凝练，充满智慧，深深地打动人心，产生了强烈社会反响。再如，《马克思是对》以“总一分一总”的结构对节目内容进行编排，第一集以时间为线索讲述马克思求学、爱情、事业等方面的故事，从总体上介绍马克思光辉的一生。第二到第四集，分别从马克思主义哲学、马克思主义政治经济学、科学社会主义等三个方面进行深入探讨，让观众对马克思主义有了全面深入的理解和把握。第五集以《千年思想家》为题，从总体上阐述马克思主义理论如何改变中国和改变世界。清晰的逻辑、有血有肉的内容让理论节目更加生动，让观众对马克思的生平及其思想有了更为直观和深刻的认识。

内容录制场景设计要注重参与者体验和观众体验。与文字理论作品单纯提供阅读体验、广播理论作品单纯提供音频体验不同，电视理论节目落脚点应该在观看上。因此，提高电视理论节目可视性成为内容创新的重点之一。这就要求我们在表现形式上推陈出新，用新颖的表现形式、充满感情的表达来展示主题，通过丰富的现场表现和节目环节提高节目的可视性，以讲故事的方式使理论变得生动起来，用饱含深情的朗诵调动观众情绪，形成独特的理论节目特色。这是电视理论节目的主要创新方式之一，也是形成电视理论节目鲜明特色的重要因素。例如，《马克思是对的》将课堂搬入演播厅，采用青年学生提问与理论专家解答的互动形式，插入手绘动画等可视化方式，呈现出别开生面的舞台效果，使观众有了重返课堂和重现青春的心理感受，使理论更直观地为观众接受。再如，《中国共产党为什么能》选择少数民族村庄、大学校园等各具特色的场景进行录制，特色鲜明的录制场景为参与者和观众沉浸到理论环境之中，在特定的情境中调动参与者饱满的热情，让观众在真实生动的基层生活中更加透彻地理解党的十九大精神。将录制场景选在户外，不仅消除了演播室内镜头的压迫感，让嘉宾和观众迅速进入理论节目氛围，对于提高理论节目收视率和理论传播有效性具有重要作用。

二、电视理论节目专家选择

理论深度是电视理论节目的灵魂。因此，节目环节不论如何设置，都要将理论的权威性放在首位。这就要求，参与电视理论节目的专家具有很高的政治素质、很强的理论功底、很好的气质形象。

电视理论节目需要邀请政治过硬的理论专家。在电视上传播党的创新理论是一项政治性很强的理论传播工作，嘉宾选择必须坚持政治标准，始终高举马克思主义的旗帜，在学习贯彻党的创新理论上走在前作表率。有良好的政治品德，懂纪律、守规矩，守底线、远红线；讲道德、育美德，有实线、求高线。政治过硬不仅表现在政治道德上，也体现在个人的品德修养上。让一个不孝敬父母、行为不检点、在群众中口碑不行的人，在电视上高谈阔论马克思主义，无论讲得如何精彩，都不会增进群众对党的创新理论的情感认同。因此，我们在选择电视理论节目宣讲专家的过程中，不仅要进行八小时之内的政治考核，还要深入专家的同事和邻居中，考察了解专家在八小时之外的表现。让那些政治素质好、道德品质好，知行合一、群众信服的理论专家上电视节目。

电视理论节目需要邀请本领高强的理论专家。理论传播是一项专业性强、技术含量高的工作，没有深厚的理论功底、灵动的语言表达能力就难以胜任电视理论宣讲这份工作。这就要求我们选择那些真正掌握马克思主义基本原理，坚定信仰马克思主义，坚定不移走中国特色社会主义道路的理论专家。要想从思想理论上说服人，不仅要懂和信，更要能说出来，而且让观众信服。这就需要宣讲专家在熟练掌握党的创新理论的基础上，对党的路线方针政策和改革发展实践有深入的认识和把握，既善于用党的创新理论阐释火热的实践，又善于用基层实践创新印证党的创新理论，能够准确地表达和宣讲，能够灵活自如地回答现场观众的提问，做到对传播的内容真信、真懂，而且能够灵活自如地把理论阐释清楚、宣讲开来，既有理论逻辑，又能结合实际、深入浅出，让观众听了就懂、懂了就信。

电视理论节目需要邀请观众喜爱的理论专家。电视理论节目不仅要传播党的创新理论，还承担着启迪思想、传承文化、激荡梦想的责任，要当好大众文化的引导者、精神文明的传承者。

因此，邀请来做电视理论节目的应该是学养深厚、气质优雅、举止端庄、语言流畅，能够获得观众认可和喜爱的理论专家。例如，《马克思是对的》邀请到马克思主义理论研究和建设工程专家、双一流高校马克思主义学院院长等权威理论学者为观众解读理论，获得很好的传播效果。再如，《中国共产党为什么能》邀请到著名党史权威专家、党建权威专家参与电视理论节目制作，得到观众普遍认可。

三、电视理论节目环节设置

电视理论节目要将党的创新理论传播给观众，必须创新电视表现手法，根据目标受众的特点考虑节目环节设置和呈现形式，将嘉宾访谈宣讲、理论专家与观众面对面交流、脱口秀等形式结合起来，创新节目形态，做到张弛有度、既紧凑又不失轻松，既有理论深度也有人性温度。

优化设置嘉宾与观众互动环节。重大理论宣讲一般采取直播领导重要讲话、播音员播发相关理论稿件、宣讲员宣讲等形式，往往能够达到比较好的传播效果。但如果理论传播全部选取这种单向度的信息传播方式，反馈机制不够完善，没有和受众的交流，传播效果就会打折扣。从传播实践看，增强电视理论节目的可视性有利于提升理论传播的有效性，因而需要加强互动环节设计。例如，《中国共产党为什么能》栏目《第二季：红船》，在节目录制现场专门布置朗诵区，通过灯光效果和现场音乐伴奏，强化朗诵的仪式感，增强了与观众的情感共鸣。节目通过现场朗诵、故事讲述、嘉宾观众互动等方式，追根溯源，深入阐释红船精神的理论贡献、深刻内涵、历史地位和时代意义，取得良好传播效果。再如，吉林电视台《好好学习》节目围绕理论传播的主题，设置了好学生领任务、学习进行时、好老师点评、好好学习小课堂等环节，在实践体验和游戏竞技中完成一系列学习实践任务，使理论学习变得生动有趣。《马克思是对的》邀请的嘉宾不仅有理论专家、青年教师，还有高校青年学生。通过节目特别设置的互动环节，以课堂的表现形式，让青年学生代表与嘉宾面对面沟通，从年轻人的视角提出大家普遍关心或疑惑的问题，极大增加了节目的亲切感。

优化设置节目背景。要把电视的优势充分发挥出来，要用好舞美灯光设计、音乐伴奏等表现形式，使电视理论节目热情洋溢、朝气蓬勃，让观众在情感共鸣中获得崇高的精神力量。例如，《中国共产党为什么能》设置了仪式感十足的诗歌朗诵环节，让年轻人用充沛的情感朗诵激情饱满的篇章，致敬社会主义新时代，取得良好传播效果。

优化设置节目场景。大多数电视理论节目都是在演播室内摄制的。这么做，具有节约时间和经费的好处，但对观众的吸引力略显不足。近年来，在电视理论节目创新中，电视工作者大力推进场景创新，改变以往多在直播间正襟危坐的呈现方式，走进工厂车间、军营高校、街道社区和田间地头，真正走到群众中和群众交流，从中发现故事、讲述故事、阐释思想，通过谈话、亲历者讲述、文艺表演等多种电视艺术形式。广泛传播党的创新理论，既以小见大展示实践成果，又深入浅出进行理论阐释，达到了春风化雨、润物无声的效果。

四、电视理论节目传播渠道

移动互联时代，手机移动端越来越成为理论传播的重要手段，微博、微信、抖音等新媒体成为人们碎片时间获得信息的主要渠道。电视理论节目必须顺应时代发展和受众接受信息习惯的变化，有效利用融媒体传播渠道，提升电视理论节目的传播力和影响力。

推进电视理论节目新媒体矩阵传播。新媒体时代，电视理论节目既要充分利用传统媒体受众面广、公信力高、能够引导舆论等优势，又要加强与网络视频平台合作，主动注册和运维自媒体平台，实现与观众的互动沟通，打造融媒体传播矩阵。例如，《马克思是对的》等电视理论节目都是由主流媒体首播，然后以官方微博、官方微信等自媒体进行深度传播，通过腾讯、爱奇艺、优酷等平台推出完整版和精简版，通过整合传播，强化电视理论节目的传播效果和品牌影响力。

推进电视理论节目移动互联微传播。和电视观众能够花半小时左右时间观看完整节目不同，微信、微博观众通常都是用上班路上、工间休息等碎片化时间观看。这就要求我们用大数据分析各种传播渠道受众观看习惯，推送更有针对性的信息，进行精准传播。例如，《马克思是对的》完整版时长30分钟，在视频网络平台上推出时长4分钟的内容精编版，比较好地满足年轻受众碎片时间的观看需求。

推进电视理论节目联合摄制和传播。单个电视台的力量总是有限的。采取联合摄制、联合传播的方式，能使一档理论节目在多个省市区电视台播出，产生事半功倍的传播效果。例如，由国家广播电视总局指导，由全国33家卫视联合制作播出大型电视理论节目《思想的田野》，这些理论节目以经济建设、政治建设、文化建设、社会建设、生态文明建设“五位一体”总体布局为基本框架，紧密结合本地区具体实际进行创作，主题突出，特色鲜明，具有较强的创新性、引领性、指导性、推广性。这些电视理论节目既真实又生动，让人们真切地感受到人民生活正在发生的日新月异的变化。这种联合制作播出的形式，为党的创新理论“飞入寻常百姓家”作出了积极贡献。

第十四章

新兴媒体与理论传播

推动传统媒体和新兴媒体融合发展是党中央提出的明确要求，也是数字化时代理论传播的重要趋势。随着理论报刊数字化建设的深入，越来越多理论报刊开办了网站、开发了客户端、开通微博微信，在推动媒体融合上进行了有益探索。从实践看，运用新兴媒体更有利于提升理论传播有效性。

一、新兴媒体特点和优势

一般地，人们把报纸、期刊、广播、电视等传播载体称为传统媒体，而将手机报、电子报、电子刊、官方网站、官方主页、官方微博、手机APP、学习平台等基于移动互联的传播载体归于新兴媒体。推动传统媒体和新兴媒体融合发展，核心是推动传统媒体和新兴媒体在内容、渠道、平台、经营、管理等方面的深度融合。其中，内容深度融合是排在第一位的要求。就理论传播而言，推进媒体融合发展过程中需要突出理论报刊的特色和优势，在内容深度融合上下更大功夫，进一步提高理论传播的有效性。

第一个特点是旗帜鲜明讲政治。和传统媒体一样，新兴媒体也是党的理论传播的重要阵地，也要旗帜鲜明讲政治。运用新兴媒体传播党的创新理论，是强化理论武装和思想教育，推动全党大学习，广泛深入传播党的创新理论的重要举措。在新时代，必须努力将新兴媒体建设成为主题鲜明、重点突出、全面呈现党的创新理论的思想信息库，成为内容权威、特色鲜明、技术先进、广受欢迎的思想文化聚合平台，形成一种新的学习方式和组织形式，着力体现权威性、思想性、综合性、服务性。新兴媒体包括

PC端、手机客户端两大终端，聚合了大量可免费阅读的期刊、古籍、公开课、歌曲、戏曲、电影、图书等资料，全部供受众免费使用，具有强大的传播优势。

第二个特点是投入小见效快。建设学习型政党、建设学习大国，每一个党组织、每一个党政机关和企事业单位都要加强学习。新兴媒体能够提供信息推送、界面个性化管理等优质服务。理论报刊还能够对功能菜单、界面等进行个性化设计，发布理论传播作品。新兴媒体的重要特点和优势就是投入较少、传播迅速，因而在理论传播上更具竞争力。

第三个特点是受众覆盖面广泛。目前，人民网、新华网等新兴媒体活跃用户都超过了几亿，用户覆盖各级党组织、广大党员干部和青年学生。从中不难判断，新兴媒体已经覆盖到理论文章的大多数读者，这为理论报刊运用新兴媒体进行理论传播提供了新的渠道。与此同时，国家高度重视移动互联基础设施建设，移动网络访问速度正在迅速提升，为新兴媒体进一步扩大覆盖面奠定了坚实基础。

第四个特点是服务功能越来越齐全。理论报刊的新兴媒体传播平台能够支持信息传播等多种服务功能。一是信息传播功能。通过新兴媒体能够快速传播理论文章。如果文章质量好，符合读者需要，信息传播速度能够呈几何级增长。二是编者、作者、读者互动功能。作者和读者可以通过留言和编辑交流互动，使得编者和作者、读者之间的交流得以在移动互联中进行，为作者和读者提供人性化服务，根据读者需求提高理论传播质量。三是移动办公功能。通过新兴媒体中的群组功能，党组织之间、党员之间可以互动交流，还可以发布内部通知、召开线上会议等。

第五个特点是信息安全越来越有保证。理论报刊社创办的理论传播新兴媒体的安全系数远高于一般网站，不会发生论文中介伪装官方主页欺骗作者这样的事情。新兴媒体发布的理论文章都经过了层层审批，政治导向、理论深度和实践温度都是走在前列的。

第六个特点是不断优化。这些年来，新兴媒体得到了突飞猛进的发展，各项功能日臻完善，其积累的大量数据应用前景十分广阔。通过对理论文章编辑加工，提纲挈领地介绍论文要点，吸引读者关注和筛选理论文章。需要进一步阅读全部内容的读者，可以进一步阅读全文。读者阅读过程中，会留下阅读偏好等大量信息，如读者姓名、单位、研究方向、阅读偏好等信息，通过这些信息可以提供更有针对性、更个性化的推送服务。利用新兴媒体产生的大数据还可以改进对理论报刊影响力和传播力的评价，为提高理论传播效率提供可靠数据支撑。

二、理论传播新兴媒体建设难题

《关于推动传统媒体和新兴媒体融合发展的指导意见》明确要求，必须坚持传统媒体和新兴媒体优势互补、一体发展，坚持先进技术为支撑、内容建设为根本，推动传统媒体和新兴媒体在内容、渠道、平台、经营、管理等方面的深度融合。新兴媒体为理论传播提供了全新的渠道和体验，但发展中也遇到一些难题，需要研究破解。

相关法律法规对理论传播作品著作权保护不够。在移动互联场景下，理论传播突破了原有受众范围，往往会因与时事热点的耦合而产生轰动效应，被其他网站、平台等转发，从而引发著作权争议。如果比照网站转发的相关规定，则转发须取得著作权人许可并支付费用。但是，在实际操作中，大多数网站并不征求著作权人的许可，更谈不上支付稿酬，严重侵害著作权人的合法权益。另一方面，对单个著作权人来说，维权成本远远大于维权成功后的收益，很有些得不偿失。与此同时，作者投稿时往往默认或明示同意文章发表后随报刊其他文章一起收入各类数据库，数据库收入颇丰，而作者却不能享受相关成果。受垄断等因素影响，理论报刊在与数据库的谈判中处于弱势地位。所有这些难题，都呼唤根据新情况对著作权法及其实施条例作出与时俱进的修订。

理论报刊管理体制和运行机制不够灵活。理论报刊大多数都是国有事业单位管理体制和运行机制。在人事管理方面，由于受编制控制和重视程度的影响，很难增加事业编制人员，有的还采取自然减员就收回事业编制的管理办法，在收入不足以支撑运营的单位往往难以获得编制外招人的权利，编辑减员的时候往往是从其他部门调剂一个人接手。事业编和招聘员工之间待遇悬殊，两方面的积极性都难以调动。因此，往往没有单独的人手来管理和维护新兴媒体。在财务管理方面，也是比照事业单位财务管理办法管理经费，财政拨款不足以维持，而自主收入往往又不足以支撑发展需要。加上财务报销制度限制，难以调动编辑兼职做好新兴媒体编辑工作的积极性和主动性。移动互联最大特点和最大优势就是随时随地的信息互动，用上班时间来考核工作量往往难以达到好的效果，需要树立以结果为导向的考核机制。人事和财务两个方面的原因，导致大多数理论报刊尚未对媒体融合高度关注，没有给予应有的重视。

新兴媒体功能开发还有潜力。对新兴媒体功能及其应用研究还需要进一步深入，大多数新兴媒体还仅仅停留在定期推送已刊发文章上，报刊介绍、精品推荐、往期阅读、在线投稿、稿件查询、信息检索等功能还不够齐全，没有充分发挥服务功能。有的虽然功能模块齐全，但点击菜单后往往显示为“建设中”。

编辑能力还有提升空间。推进传统媒体和新兴媒体融合发展，必然对编辑的工作能力和工作水平提出了新的更高要求。新兴媒体的理论传播，绝不仅仅是将理论报刊已发表文章再发表一次。编辑需要在字体、字号、颜色、链接等方面进行编辑加工，找出最吸引读者的信息做成导语，推送给读者，从而触发阅读兴趣，对论文内容进行深层次阅读。在理论文章之外，还需要推送一些服务性信息。对于已经通过终审确定出版的理论文章，还可以考虑发挥移动优先的优势，提前或同步发布，扩大传播效果。更为重要的是，编辑要对读者的咨询和质疑，快速作出回复和引导，还需要设置议题，激发作者和读者参与，在互动中促使读者分享、转载、转发精华文章。所有这些，都对编辑的工作积极性主动性和编辑水平、应变能力、知识面等提出了更高要求，需要编辑再学习再培训。

三、提升运用新兴媒体进行理论传播的水平

推进传统媒体和新兴媒体融合发展，提升理论传播服务质量，需要从进一步提高思想认识入手，及早修订相关法律法规，继续

深化事业单位体制机制改革，逐步提高编辑能力和水平。

将理论报刊纳入国家话语权建设方阵。长期以来，无论是主管部门还是学术界本身，都很少从话语权、思想政治建设等角度考虑理论报刊的定位。但是，从实践效果看，包括报纸、新闻期刊、广播、电视、新兴媒体等新闻舆论工作的各种载体都需要从理论文章中汲取养分，理论报刊是话语权的源头活水，而其他传播载体则是对原创成果的解释、说明和传播。因此，国家有必要进一步加大对理论报刊的扶持力度，比照公益一类事业单位给予财政经费支持，让理论报刊有更为广阔的生存和发展空间。

修订相关法律法规和规则以进一步保护著作权人的合法权益。在转发环节，建议尽早修订著作权法及其实施条例，明确规定，转发需征得著作权人、文章首发报刊社的许可并依据规定支付报酬。在投稿环节，建议要求作者在许可理论报刊发表论文的同时，进一步许可报刊社在新兴媒体上推送该文章，并许可编辑对文章做不改变主要观点的推送导语和内容提要，从而避免著作权人与报刊社之间的版权纠纷。在数据库环节，建议修改相关法规，要求数据库主办方根据文章下载量支付著作权人报酬。目前的做法是，作者投稿时申明将文章的发表权和纳入数据库的权利委托给投稿的报刊社，报刊社在稿酬中一并算上，实际上作者并没有拿到数据库给的报酬，而数据库给报刊社的数据使用费也是微乎其微。解决这个问题的最好办法是建立国家论文数据库，将所有合法媒体传播的所有文章、图片、音频、视频等资料收集起来，并依据下载量向著作权人支付报酬。如果国家不建立论文数据库，则也可以修改相关规定，要求数据库主办方依据付费下载量支付报酬。

继续深化体制机制改革。目前，大多数理论报刊都是党政机关、高等学校等单位主办的，财政给予部分事业费、全部或部分人头费，人员按照事业单位编制管理。大多数相当于所在单位的一个部门，没有独立的财务和人事。在人事制度方面，随着事业单位改革的深化，理论报刊社将实行全员聘用制，不少报刊社现行的事业编和编制外并存的双轨制将并为一轨制，这有利于理论报刊社长远发展。在财务制度方面，建议将现在的编辑吃财政饭的养人机制逐步过渡到养刊机制，即，财政根据报刊重要性给予定额经费和奖励经费，不再区分事业费和人头费，在有关制度框架内自主决定收入分配并自负盈亏。在有了基本的财政经费保障和一定程度的分配自主权之后，报刊社就会向关系长远发展的新兴媒体建设投入更大人力财力，从而把理论传播平台办得更好。

进一步完善理论传播平台服务功能。从发展趋势看，移动互联、数字化信息化是理论报刊发展的大趋势。理论传播迟早会将能够上网的部分搬到移动互联网上。因此，需要进一步重视数字化建设。重视平台功能建设，在推送当期发表文章目录和内容的基础上的，增加方便读者的报刊介绍、过刊浏览、论文检索、联系方式等栏目；方便作者的投稿指南、在线投稿、在线查询等栏目；方便编者的专家审稿、在线办公等菜单。为强化编者、读者和作者之间的互动，还可以视情况开设读者论坛、最新资讯、精品推荐等互动栏目。以简洁大方为基准，对编辑界面适当美化，尽量实现文字和图片的结合，让文章阅读界面变得生动起来。内容提要要尽量醒目，吸引读者的注意力，文字简洁准确。编辑要为读者着想，每个工作日推出一两篇，做到天天有新意、有热点。在推送报刊文章之外，还可以配以与阅读圈相关的图书出版信息、学术论文写作知识、优秀文章推荐等相关资讯，提高活跃度和关注率。强化服务意识，将加强编者作者读者互动放在重要位置，通过良性互动，增加读者黏性。理论报刊可以事先将读者关心的问题制作成常见问题问答，不断根据读者的问题更新问答，解答常见问题。对于读者提出的常见问题问答之外的问题和建议，也可以及时给予解答。还可以请读者留下姓名、职称、单位、主要研究方向等信息，根据读者兴趣推送个性化信息。

加大网络编辑人才培养力度。必须承认，报刊编辑和网络编辑的工作各有特色，两者既相通又不完全一样。有的理论报刊专门设置新媒体编辑，负责文章的二次加工。更多的则是由文章的报刊编辑进行二次加工，但发布则统一由平台管理员进行。这种方式应该是更节约人力的分工方式，因为编辑最了解文章的内容和实质。理论报刊社应加强对编辑的政治素质教育，重视对编辑网络知识的培训，适当引进网络编辑人才，提高编辑能力和水平，最终提升理论报刊影响力和传播力。

第十五章 理论学习中心组与理论传播

高度重视理论传播和理论武装是中国共产党的优良传统和独特的政治优势。理论学习中心组学习是党委（党组）领导班子和领导干部在职理论学习的重要组织形式，是严肃党内政治生活、强化党性修养的重要内容，也是理论传播的重要渠道。与理论报刊、广播电视、理论宣讲等理论传播渠道相比，理论学习中心组是最为管用有效的理论传播渠道之一。进一步提升理论学习中心组的学习质量，需要在以下几个方面下更大功夫。

一、聚焦关键少数，提升学习主体的主动性

2017年1月30日，中央办公厅印发了《中国共产党党委（党组）理论学习中心组学习规则》（简称《规则》），并发出通知，要求各地区各部门认真遵照执行。《规则》第四条规定，理论学习中心组主要由党委（党组）领导班子成员组成。可以说，绝大多数党员领导干部都是理论学习中心组成员，都要参加理论学习中心组学习。因此，理论学习中心组学习必须抓住"关键少数"，充分发挥党员领导干部的表率作用，推动在全党形成崇尚学习的良好氛围。

*在学习认识上增强自觉性。*学习是党员干部提升政治和业务素质的重要途径，是党不断从胜利走向胜利的重要法宝。中国共产党是一个十分注重学习的政党，依靠学习走到今天，也必然要依靠学习走向未来。政治上的坚定来源于思想理论上的清醒，党员干部尤其是中高级干部，一刻也离不开理论思维，一刻也离不开理论武装。每一位理论学习中心组成员都要从建设马克思主义学习型政党、推动建设学习大国的高度，充分认识理论学习的极

端重要性，将增强学习本领作为增强其他各项本领的基石，自觉参加理论学习中心组学习，不断提升理论学习质量，努力做到既政治过硬又本领高强。

在学习效果上追求实效性。坚持学以致用，在把握政策、更新观念、开拓进取上力求新的突破，把理论学习与考察研究、驾驭形势、解决问题、促进发展结合起来，确保在实践中有所创新、有所创造。坚持把理论学习与统一思想结合起来，与科学决策、谋划发展结合起来，与增强管控、解决问题结合起来，与坚持从严、提升巩固结合起来，真正做到学以致用。

在学习制度上体现约束性。建立完善的理论学习制度，加强对学习的监督制约，确保把理论学习任务落到实处，加强组织领导，落实学习主体责任，修订完善学习规则、管理办法及考核细则，扩大学习的覆盖面和参与度，实现学习规范化、科学化和长效化；坚持理论联系实际，突出问题倒逼，末端问效机制和发展目标导向，切实把学习成效转化为破解改革发展难题、推动转型升级的实绩实效；同时，注重对理论学习中心组学习的指导、督促、考核，将检查考核评价结果纳入年度先进评选，纳入领导班子、领导人员综合考核评价的依据，形成一级带一级、一级促一级的良好理论学习机制。

二、聚焦根本任务，提升学习内容的吸引力

从学习内容上看，理论学习中心组的学习要突出“理论”二字，以深入学习贯彻习近平新时代中国特色社会主义思想为根本

任务，努力学习掌握贯穿其中的马克思主义立场观点方法，为理论指导实践打牢根基。

紧盯理论武装任务，加强理论学习中心组的学习。《规则》明确，理论学习中心组学习内容包括九个方面的重要内容：一是马克思列宁主义、毛泽东思想、邓小平理论、“三个代表”重要思想、科学发展观、习近平新时代中国特色社会主义思想；二是党章党规党纪和党的基本知识；三是党的路线、方针、政策和决议；四是国家法律法规；五是社会主义核心价值观；六是党的历史、中国历史、世界历史和科学社会主义发展史；七是推进中国特色社会主义事业所需要的经济、政治、文化、社会、生态、科技、军事、外交、民族、宗教等方面知识；八是改革发展实践中的重点、难点问题；九是党中央和上级党组织要求学习的其他重要内容等。在以上九项学习内容当中，最根本的任务和主线是学习习近平新时代中国特色社会主义思想，通过全面系统学、及时跟进学，真正掌握这个强大思想武器，努力将党中央的决策部署落到实处。

紧盯思想领域突出问题，加强理论学习中心组的学习。理论上清醒才能政治上坚定、行动上自觉。当今世界正经历百年未有之大变局，中国进入了全面建成社会主义现代化强国的新发展阶段，前进征程上面临一系列前所未有的新情况新问题，我们要坚持马克思主义根本指导地位，深入学习当代中国马克思主义、21世纪马克思主义，掌握马克思主义的立场观点方法，自觉用党的创新理论武装头脑、指导实践、推动工作。当前和今后一个时期，特别要注重防范形式主义和官僚主义方面的理论学习，努力把基层干部从形式主义的做法中解放出来，促进党员干部忠诚干净担当、踏实履职尽责。

紧盯推动发展关键问题，加强理论学习中心组的学习。共产党人的一切奋斗都是为中国人民谋幸福、为中华民族谋复兴。在当代中国，发展是第一要务，是解决一切问题的总钥匙。理论创新每前进一步，理论武装就跟进一步。理论学习中心组的学习必须聚焦经济社会发展中的重大现实问题，把融入国家战略作为重要任务，深入研究促进经济社会高质量发展的具体措施，确保党中央决策部署落地生根。深入学习领会并自觉践行新发展理念，掌握以制造业为主体的实体经济发展脉络和发展规律，研究发展实体经济的措施办法，推动建设现代产业体系。认真学习各地创造的好经验好做法，系统查找本地区经济社会发展的短板和弱项，引导干部拓宽视野、提升境界、立足实际、探索创新。要特别注重科技知识的学习，掌握科技发展新趋势，了解科技前沿新动态，将创新驱动发展战略落到实处。

紧盯党的建设紧迫问题，加强理论学习中心组的学习。党委（党组）理论学习中心组要聚焦党要管党、从严治党的要求，注重党的历史和党的建设的学习。着眼于干部队伍建设实际需要，着眼于增强党员领导干部的思想定力、战略定力、道德定力，理论学习中心组要及时传达党中央关于从严管党治党的要求，引导干部对照党章要求、对照身边榜样，查摆自身存在的问题和不足，自觉发扬优点、改进不足，严守政治纪律和政治规矩，巩固风清气正的从政环境和政治生态。围绕传承红色基因、继承优良传统，深化党史、新中国史、改革开放史、社会主义发展史的学习，引导党员干部牢记党的初心和使命，永葆共产党人政治本色。要深入学习党章党纪党规，特别是廉洁自律准则、纪律处分条例、问责条例等党内法规，结合近年来查处的典型案例开展警示教育，深入研讨交流，引导党员干部自觉把党的纪律规矩挺在前面。

三、聚焦方法创新，提升学习方式的针对性

学习是共产党人的一种生活方式。作为党委（党组）理论学习中心组成员更应当把学习作为人生的不懈追求，下苦功夫读原著、学原文、悟原理，做自觉学习的模范。理论学习中心组学习的主要形式是集体学习研讨，将专题学习和系统学习统一起来，将重点发言和集体研讨结合起来，将理论学习与调查研究联动起来，拓宽学习渠道，深化理论学习，提升学习效果。

注重研讨交流，深化对马克思主义中国化最新成果的理解把握。推动学思研相结合，强化研讨交流，是提升学习效果的重要途径。每次学习都要在加强自学、深读深思原文原著基础上，结合思想和工作实际，撰写发言提纲，加大研讨力度，使中心组成员在交流互动中相互启迪、深化对党的创新理论的理解把握。特别是要及时跟进学，及时组织中心组成员原原本本学重要讲话，认真开展集体讨论，力求学深悟透。

注重现场体验，强化对马克思主义中国化最新成果的真诚信仰。共产党人必须坚定信仰马克思主义、共产主义，坚定不移走中国特色社会主义道路，一心一意为中国人民谋幸福、为中华民族谋复兴。理论学习中心组很重要的功能之一就是教育引领党

员领导干部坚定理想信念，补足精神之“钙”。这就要求中心组学习必须带着感情学、带着信念学、带着使命学，注重采取体验式、情景式等方式开展现场学习，从红色历史中坚定共产党人的初心，从现实实践中体悟共产党人的使命。要充分利用红色文化资源，把课堂搬到革命文化教育基地，运用先进事迹报告会、红色展览等多种形式，开展现场体验式学习，缅怀革命先烈，重温党的历史，汲取榜样力量，增进和人民群众的血肉联系，更加坚定自觉地弘扬党的优良传统、践行党的群众路线。坚持用身边人身边事进行廉政警示教育，深刻剖析领导干部违纪违法典型案例，进一步强化纪律规矩意识，在思想深处筑牢不敢腐、不能腐、不想腐的坚固防线。

注重调研学习，提升用马克思主义中国化最新成果指导解决问题的能力。理论联系实际是马克思主义的学风。学习理论的目的在于运用理论指导实践，切实解决实际问题。调查研究是共产党人做好工作的基本功，是运用理论指导实际工作的基本方法，也是提升党员领导干部深化思想认识、提升素质能力的重要途径。我们要坚持问题导向，紧密联系思想实际和工作实际，深入基层、深入一线调查研究，围绕学习主题直面矛盾、梳理问题，形成问题清单，学习群众的智慧，尊重群众的创造，在基层一线找到解决问题的新思路新方法新举措，推动工作落实。将理论学习与提高思想政治素质、创造性贯彻落实上级决策部署、解决基层实际问题紧密结合起来，努力从马克思主义基本原理中寻找破解难题的方法，使学习的过程成为破解发展难题、促进经济社会高质量发展的过程。

注重示范带动，推动习近平新时代中国特色社会主义思想落地生根。理论学习和理论武装是党员领导干部增强工作本领、推动工作落实的重要途径。积极搭建党员领导干部与基层党员群众交流互动的平台，推动理论学习由领导机关向基层延伸、由领导干部向党员群众延伸，不断扩大理论学习在基层的覆盖面。领导干部在抓好自身理论学习的同时，要积极组织、指导分管领域部门单位开展理论学习中心组学习，带头到基层宣讲，全面深入解读阐释当代中国马克思主义、21世纪马克思主义，推动党中央重大决策部署在基层落细落实、开花结果。

四、聚焦监督考核，提升学习管理的实效性

理论学习是一种深刻的思维活动，不像阅读小说那样轻松有趣，既要强调领导干部自觉学习理论，也要加强对领导干部学习理论的监督、管理和考核，让理论学习蔚然成风。

坚持常态化学习。坚持把理论学习中心组学习作为加强党的政治建设的长期任务，作为党委（党组）“一把手”工程，切实发挥主要负责同志组织、协调、督导、带头作用，亲自研究制定全年学习计划、季度学习安排，着力提高理论学习中心组学习成效。按照理论和实践相结合、战略思考与推动工作相统一的要求，科学确定理论学习中心组年度学习计划，做到全年有学习主线、每月有学习主题。每次学习都要做好学习记录，确保理论学习常态化推进、持续深化提高。

坚持流程化管理。加强学习组织管理，以各学习环节的严谨

细密、规范有序将学习任务和要求落实到操作层面的各个流程和环节，做到组织到位、人员到位、工作到位，确保党委（党组）理论学习中心组学习取得良好效果。定期征求中心组成员对学习重点的意见和建议，研究确定学习主题和内容。每次学习都要制定详细的工作方案，并抓好各项工作的具体落实。建立健全涵盖多领域的授课专家数据库，选择政治可靠、理论造诣深、业务能力强、口头表达好的授课专家进行讲授，确保学习质量。

坚持制度化考核。用好考核“指挥棒”，抓好考核评价是提升中心组学习质量的重要手段。按照简便易行、注重实效的原则，建立健全科学合理的党委（党组）理论学习中心组学习的考核评价标准，注重考核结果的运用，将考核结果作为考核领导班子和衡量领导干部思想政治素质的重要内容，作为干部任用和奖惩的重要依据，推动学习的常态化制度化。对领导班子整体学习的考核，主要是考核主要负责同志履职情况、学习计划的制定和完成情况、学习制度执行情况、学风建设情况等。对班子成员个人学习的考核，主要是考核到课率、学习效果、调研情况、遵守学习制度情况、完成学习任务情况、学习成果转化情况等。在注重年度考核的同时，还要重视日常督导检查，对发现的苗头性、倾向性问题要及时提醒，对理论学习中心组学习情况进行通报，组织人员开展调研督学，确保理论学习要求落到实处、取得实效。

第十六章

理论宣讲与理论传播

理论宣讲是理论传播的重要方式之一，对于传播党的创新理论、阐释党的路线方针政策、回应群众关心关注的重大理论和实践问题，凝聚为实现中华民族伟大复兴而团结奋斗的磅礴力量，发挥着十分重要的作用。推进理论传播，让党的创新理论“飞入寻常百姓家”，必须高度重视各级讲师团建设，提高讲师队伍建设的质量和水平，增强理论宣讲的有效性。

一、理论宣讲的重要意义

理论宣讲是理论传播的重要途径，根本目的就是坚持不懈地用党的创新理论统一党员干部群众的思想和行动，凝聚共同团结奋斗创造幸福美好生活的强大力量。做好理论宣讲工作有利于迅速抢占理论传播先机、掌握话语权、占领制高点、引导社会舆论，凝聚团结奋斗的强大正能量。

做好理论宣讲工作，是用习近平新时代中国特色社会主义思想武装全党、教育人民的迫切需要。党的十八大以来，党和国家各项事业之所以能取得历史性成就、发生历史性变革，最根本的原因就是我们党始终高举中国特色社会主义的伟大旗帜，始终坚持以习近平新时代中国特色社会主义思想为根本遵循和行动指南。我们要运用各类传统和新兴媒体，通过理论宣讲把学习贯彻新思想从领导干部向党员群众拓展，教育引导干部群众深入学原文悟原理，掌握丰富内涵和重大意义，为有效应对矛盾困难、推动经济社会高质量发展提供根本引领。

做好理论宣讲工作，是贯彻落实党的路线方针政策的迫切

需要。理论宣讲是宣传发动群众、组织凝聚群众、教育引领群众的重要载体，其重要功能就是把党中央决策部署变为干部群众的自觉行动。要通过理论宣讲，让干部群众深刻理解和掌握党的创新理论，深刻理解和掌握党的路线方针政策，掌握党组织对工作的安排部署，引导党员干部群众正确把握国情，正确理解党的政策主张，凝聚实现中华民族伟大复兴中国梦的磅礴力量。

做好理论宣讲工作，是巩固壮大主流思想舆论的迫切需要。高度重视思想建党，是我们党永葆生机活力的重要方法。开展理论宣讲，就是要用党的创新理论武装党员干部群众的头脑，通过摆事实、讲道理引导党员干部群众明辨是非，自觉抵制错误思潮。要把解疑释惑作为理论宣讲的重点之一，用马克思主义的立场观点方法分析群众关心关注的收入分配、教育医疗、就业住房等方面出现的新问题，引导干部群众增强干事创业、开拓未来的信心和决心，直面存在的矛盾和问题，努力通过艰苦奋斗创造美好生活。

二、理论宣讲的基本要求

理论宣讲是理论传播的重要途径，必须充分认识理论宣讲的重大意义，紧密联系改革发展和干部群众思想实际进行宣讲，以高度政治自觉和饱满工作热情落实好理论宣讲任务，提升理论宣讲的针对性实效性。这就要求我们准确领会党的创新理论中蕴含的重大理论观点、重大方针政策、重大工作部署，努力做到了然于胸、运用自如；紧密结合实际，紧密结合干部群众所思所想，认真进行宣讲，努力做到深入浅出、入脑入心。

了然于胸，就是要深刻学习领会党的创新理论的精神实质，增强理论宣讲的准确性和全面性。宣讲党的创新理论，首先应学习好、领会好党的创新理论，即原原本本地学习习近平新时代中国特色社会主义思想，学习党章、党代会报告、党的中央全会公报，学习习近平总书记最新重要讲话精神。认真研读马克思主义经典著作，深入学习党史、新中国史、改革开放史、社会主义发展史，深入学习社会主义现代化建设所需要的各方面知识，努力掌握贯穿党的创新理论的马克思主义立场观点方法，不断深化对规律的认识，不断提高战略思维能力，深刻认识发展新时代中国特色社会主义事业的历史必然性。

运用自如，就是要弘扬理论联系实际的马克思主义学风，增强理论宣讲的针对性和实效性。理论宣讲的目的在于让党员干部群众理解和接受党的创新理论。这就要求理论宣讲工作者掌握和运用党的创新理论中所蕴含的马克思主义立场观点方法，以我们正在做的事情为中心，深入研究具有重大理论意义的实践问题和具有重大实践意义的理论问题，科学回答干部群众关心关注的问题，为基层干部群众创新创造提供科学理论指导。宣讲党的创新理论，必须坚持党的思想路线，坚持理论联系实际，坚持学以致用。理论宣讲工作者要胸怀中华民族伟大复兴的战略全局和世界百年未有之大变局，密切关注国内外形势的发展变化，紧密联系经济社会高质量发展的鲜活实践，努力让党的创新理论为人民群众所掌握，转化为改天换地的物质力量，让理论之花结出丰硕的实践成果。

深入浅出，就是要不断改进理论宣讲的文风和话风，增强

理论宣讲的通俗性和生动性。增强理论宣讲的吸引力、感染力，理论宣讲工作者既要不断提高思想水平、理论水平、认识水平，又要不断提高语言表达能力，努力用通俗易懂、生动鲜活的语言让干部群众听得懂、记得牢。宣讲党的创新理论，必须提倡优良文风，学习和运用干部群众喜闻乐见的话语方式，用身边的榜样、感人的故事、鲜活的语言把科学理论讲清楚、讲明白。及时解答基层群众普遍关心的热点难点问题，使理论与实际融会贯通；注重用宣讲拓宽思路，促进宣讲成果转化为工作思路和具体措施；注重用宣讲凝心聚力，提升干部群众的思想道德素养，丰富干部群众精神文化生活，让干部群众更好地分享理论创新的最新成果。

入脑入心，就是要创新宣讲的方式方法，增强理论宣讲的吸引力和感染力。理论宣讲的目的就是用党的创新理论武装干部群众，把思想行动统一起来、把智慧力量凝聚起来，共同创造幸福美好的生活。宣讲党的创新理论，必须坚持从群众中来、到群众中去，直面群众关心关切，直达群众心灵深处，着力回答人民群众最关心最直接最现实的利益问题。理论宣讲要坚持走基层、转作风、改文风，到乡村、企业、学校、社区、工地等基层一线学习群众智慧，运用群众喜闻乐见、易于接受的方式传播党的创新理论，努力做到家喻户晓、入脑入心。

三、理论宣讲的基本任务

为加强理论宣传工作，省、市、县三级都建立了党委讲师团，为干部群众做好理论服务。各级讲师团通过创办一系列具有较大影响力的宣讲品牌，形成评教评学、课题调研、联学研讨、热线服务等多手段推进的理论宣讲新格局，充分发挥了理论宣讲工作的重要作用。讲师团贴近实际、创新形式、拓展需求、注重实效，广泛传播普及党的创新理论和党的路线方针政策，创造了干部群众喜闻乐见的理论宣讲形式。

深入基层开展理论宣讲。从有深厚理论功底的领导干部和有丰富实践经验的专家学者中优选讲师团成员，广泛开展多领域多角度理论宣讲，针对宣讲对象、宣讲内容来确定宣讲形式，分层分众定向传播。注重深入街道社区、乡镇农村、企业车间、居民农民家中，开展小型化、互动化理论宣讲，话题涉及百姓关注的方方面面热点难点问题，增强理论宣讲有效性。建立理论宣讲专家库，以政治强、业务精、宣讲口碑好为原则，从党政干部和专家学者中精选不同专业、不同学科、不同职能、造诣深厚、知名度高、作风深入、善于宣讲的报告人，建立专职兼职相结合的理论宣讲人才队伍。

举办网上理论学校。顺应网络发展变化和网民特点，发挥移动互联优势，建设政治性、理论性、思想性为主导的公益性质的理论视频网站，将理论视频网站打造成为党的创新理论传播重要平台。网站以视频产品为重要特色，以思想理论为根本内涵，内容包括理论文章、理论宣讲视频、理论辅导报告、理论宣讲讲稿、理论宣讲PPT等，为各级党组织和网民提供学习服务。在坚持理论宣传政治性严肃性基础上，积极探索网络理论宣传规律，创新理论宣传形式，满足网民理论需求，在网上唱响党的思想理论好声音。

开展订单式理论宣讲。发挥移动互联优势，在每年年初推出覆盖各层面各群体理论需求的理论宣讲选题，供菜单式点学。将同一个讲题中宣讲效果最好的宣讲视频放在宣讲网上，供干部群众学习。为基层党政机关、企事业单位等推荐理论宣讲老师，拓展社会各界对理论宣讲教育的新需求。在深入调查研究基础上，根据基层干部群众学习需求，推出面向市民和村民的年度理论宣讲系列讲座。以提供应学应知应会的内容为重点，以具有吸引力、感染力、针对性和有效性为标准，邀请专家学者和领导干部专门备课讲授，为干部群众提供理论课程。每年征集优秀理论宣讲报告并进行展播，调动广大理论宣讲专兼职工作者和基层宣讲员的积极性，成为理论宣讲的一面旗帜，发挥着导向、示范和激励作用。网上理论学校课程全部采取现场拍摄、教学互动、情景交融、视觉艺术等手段，使干部群众坐得住、听得懂、记得牢、用得上。课程制成光盘，免费发至社区、农村；放在宣讲网络上，供干部群众选学。

建设理论宣讲示范基地。在重点单位建立理论宣讲示范基地，打造理论宣讲大众化、通俗化的实验平台。坚持以基层党员干部群众为理论宣讲对象，以党的创新理论、党的路线方针政策、干部群众普遍关心的热点难点问题等为理论宣讲重点，通过精心设计活动载体，广泛开展多种形式评教评学活动，不断提高理论宣讲示范基地学习积极性、主动性，探索党的创新理论分众传播规律，打造理论宣讲的示范点。

组建百姓宣讲团。增强理论宣讲有效性，关键在于接地气。在领导和专家宣讲的基础上，各地坚持尊重群众主体地位，充分调动群众积极性，让百姓在宣讲工作中唱主角，创造了百姓宣讲的新形式，基层干部群众走上理论宣讲舞台，进社区、进农村、进企业、进机关、进学校开展宣讲活动，坚持不懈倡导文明新风，潜移默化地引导人们追求真善美，通过讲理论、讲故事、话成就、谈感受实现自我教育。

举办理论大讲堂。为帮助领导干部及时掌握党的创新理论、了解国际国内两个大局发展变化、提高执政能力、加强理论素养，定期举办理论大讲堂。大讲堂以及时性、权威性、丰富性、生动性、可读性作为鲜明特色，成为各级理论学习中心组的重要参阅资料。

加强理论研究工作。理论研究是做好理论宣讲工作的基础。讲师团必须注重理论研究，聚焦马克思主义大众化研究，不断深化对马克思主义大众化规律性的认识，进而推进马克思主义在更广范围和更大程度上走进人民群众，不断巩固马克思主义在意识形态领域的指导地位。积极探索马克思主义大众化的传播方式、传播渠道、表现形式、评价机制，努力拓展新形势下马克思主义大众化的传播路径。

四、理论宣讲的工作创新

理论宣讲是一项武装头脑、净化心灵的崇高事业，必须不断推进宣讲理念、宣讲内容、宣讲方法、宣讲机制等创新，让理论宣讲真正走进群众、贴近生活、打动人心，不断提高理论宣讲的实效性。

把握理论传播的受众实际，不断增强理论宣讲针对性。理论宣讲的对象是党员干部群众，数量多，分布广，理论素养参差不齐，知识结构差异较大。理论宣讲必须坚持以人民为中心的工作导向，适应移动互联时代理论传播新趋势，从基层党员干部、高校师生、企事业单位党员干部职工、社区居民和村民的实际出发，分层分众、因人施教、有的放矢、精准传播，让理论传播受众坐得住、听得懂、记得牢，努力把党的主张变为人民群众的自觉行动。积极探索短实新的微宣讲，开辟田间地头、车间工段等一线课堂，开发菜单式、点播式理论宣讲订制课程，增强理论宣讲针对性。

把握理论传播的目标任务，不断丰富理论宣讲的内容。理论宣讲的目的是让党的创新理论飞入寻常百姓家，这就要求我们不断在贴近群众、贴近生活、贴近实际上下功夫，努力让党员干部群众有实实在在的理论获得感。开展理论宣讲之前就要深入基层、深入群众，切实摸清党员干部群众关心关注的理论问题，切实摸清党员干部群众有哪里尚有疑惑的理论问题，切实做到澄清事实，讲清道理，传授知识，释疑解惑，提高思想认识。在理论宣讲中要把握好理论宣讲的思想性、理论性、逻辑性、实践性、生动性，充分发掘思想理论的独特魅力，让党员干部群众在情理交融中感受到真理的力量；要创作内容深刻新颖、观点引人入胜的宣讲作品，精准传播党的路线方针政策，精准传递社情民意，努力使所宣讲的内容把握时代脉搏，适应干部群众需求，不断提高理论宣讲有效性。

把握理论传播的受众需求，不断创新理论宣讲的形式。要让理性的、思辨的、抽象的理论真正打动理论传播受众的心灵，就必须不断改进和创新理论宣讲方式，提升理论宣讲艺术，让党的好声音飞入寻常百姓家，恰如春风化雨、滋润心田。理论宣讲者要在内心深处牢固树立为受众服务的观念，在感情和态度上坚持平等待人，做到情理交融、以理服人；善于把握党员干部群众特别是青年群体的语言习惯，不断丰富理论宣讲话语体系，擅于运用表情、手势等身体语言，做到以声传情、以情动人；深入研究和探索运用移动互联网技术开展理论宣讲的新模式，构建集传统媒体和新兴媒体相融合的理论宣讲传播体系，做到全方位、立体式理论传播。

把握理论传播的主体特征，不断增强理论宣讲的整体合力。做好理论宣讲工作，必须切实加强理论宣讲队伍建设，充分发挥理论工作者的主体作用，建设一支政治过硬、理论功底深厚、实践经验丰富、语言富有感染力的理论宣讲队伍。党政领导干部要带头搞好理论宣讲工作，带头宣讲习近平新时代中国特色社会主义思想，带头宣讲用党的创新理论指导实践所取得的成就。党校教师、高校思想政治课教师、哲学社会科学研究人员等理论工作者，要发挥主导作用和专业优势，用理论之光照亮前进之路。要吸引基层一线先锋模范等百姓宣讲员加入理论宣讲队伍，在群众中宣讲，用身边人和事教育引导身边人，增强理论宣讲吸引力。坚持以系列主题宣讲为引领，加强组织协调，精心策划部署，有效整合理论宣讲资源，促进资源综合、优势互补，不断提高理论宣讲的实效性。

把握理论传播的领导力量，不断完善理论宣讲的体制机制。

做好理论宣讲工作是全党的大事，必须加强党委对理论宣讲工作的集中统一领导，汇聚起团结奋进的磅礴力量。认真总结推广基层理论宣讲好做法好经验，形成制度性安排和工作举措。及时发现、培养优秀理论宣讲员，评选表彰理论宣讲先进集体和先进个人。采取抽样调查等方式，及时收集反馈理论宣讲受众的感受和评价，科学评估理论宣讲的效果。充分利用移动互联网优势，创新理论宣讲传播方式，让理论焦点形成舆论热点，增强理论宣讲的影响力。

第十七章
思想政治理论课与理论传播

青少年是祖国的未来、民族的希望。要培养社会主义建设者和接班人，就必须用党的创新理论武装青少年头脑，而最有效的方法之一就是在大中小学开设思想政治理论课。坚持把立德树人作为中心环节，把思想政治工作贯穿教育教学全过程，实现全程育人、全方位育人，努力开创中国教育事业发展的新局面。坚持不懈用党的创新理论武装青少年的头脑，增强青少年爱党爱国爱人民的思想自觉和行动自觉，努力为实现中华民族伟大复兴的中国梦奉献青春、建功立业。

一、如何理解办好思想政治理论课的重大意义

青少年强，则国家兴旺、民族强盛。在新发展阶段，青少年已成为推动经济社会永续发展的战略资源。思想政治工作从根本上说是做人的工作，必须围绕学生、关照学生、服务学生，不断提高学生的思想水平、政治觉悟、道德品质、文化素养，让学生成为德才兼备、全面发展的人才。讲好思想政治理论课，加强对青少年的培育和引导，对于传播党的创新理论、强化价值引领、培育时代新人，意义重大而深远。

思想政治理论课是传播党的创新理论的关键课程。思想政治理论课是传播马克思主义基本原理和党的创新理论的重要载体，具有鲜明的意识形态特征。在新发展阶段，贯彻落实党的教育方针，必须坚持不懈传播马克思主义科学理论，抓好马克思主义理论教育，为学生一生成长奠定科学的思想基础。通过讲好思想政治理论课来广泛深入传播马克思主义，广泛深入传播习近平新时

代中国特色社会主义思想，引导青少年扣好人生第一粒扣子，走好人生的每一步，把爱国情、强国志、报国行自觉融入青春奋斗之中。

思想政治理论课是培育时代新人的关键课程。中国共产党立志于千秋伟业，百年恰是风华正茂。我们党长期执政的根基在青少年，建设社会主义现代化强国的力量在青少年。中国进入新发展阶段，思想政治理论课建设既面临重大历史机遇，也面临不少风险挑战。培育时代新人，最要紧的就是通过办好思想政治理论课，促进青少年理解党的初心使命、自觉听党话跟党走，为实现党的奋斗目标苦练本领、积聚力量。培育时代新人，要通过办好思想政治理论课牢牢掌握意识形态领域的话语权和主导权，教育引导青少年站在人类发展进步的历史高度，科学认识中华民族伟大复兴的战略全局，科学认识世界百年未有之大变局，深刻理解党和人民为什么要历尽千辛万苦走上中国特色社会主义道路，努力为建设新时代中国特色社会主义事业学好真本领。

思想政治理论课是引领青少年价值追求的关键课程。培养能够担当民族复兴大任的时代新人，必须将党的创新理论融入青少年的价值形成的全过程和各方面，从小在脑海里植入共产主义远大理想，从小在心田中种下真善美的种子，切实解决好价值引领问题。办好思想政治理论课，必须从青少年人生“拔节孕穗期”的思想实际出发，精心呵护、精心引导、精心栽培，培育社会主义核心价值观，引导青少年正确认识和理解中国特色社会主义理论和实践，坚定共产主义理想，坚定中国特色社会主义信念，努力在为党和人民的事业不懈奋斗中不断成长成才。

二、如何讲好思想政治理论课

做好青少年思想政治工作，要遵循思想政治工作规律，遵循教书育人规律，遵循学生成长规律，不断提高工作能力和水平。思想政治理论课的重点任务是用党的创新理论武装青少年、培育社会主义事业建设者和接班人，这就要求坚持“八个相统一”原则，坚持从青少年思想实际出发，不断优化思想政治理论课内容设计，增强课程的思想性和理论性，增强课程的亲和力和针对性，让青少年真正喜爱思想政治理论课。

注重思想性，善于用党的创新理论武装青少年。政治是经济的集中体现，与人人都有关系。但在大中小学，总有一些人认为思想政治理论课不够专业，学术性不足，不太认同思想政治理论课的专业性。要改变这种情况，就必须坚持不懈传播马克思主义科学理论，抓好马克思主义理论教育，为学生一生成长奠定科学的思想基础。这就要求思想政治理论课教师旗帜鲜明讲政治，在生活中活出能够吸引青年学生的人格魅力和人生风采，在课堂上讲出党的创新理论的真理魅力。思想政治理论课教师要坚持读原著、学原文、悟原理，用真学真懂真信真用真传党的创新理论的实际行动凝聚青少年。

注重理论性，善于用真理力量吸引青少年。马克思主义，特别是当代中国马克思主义、21世纪马克思主义，理论性强，实践性强，博大精深。讲好思想政治理论课，传播马克思主义理论，绝不是一件轻轻松松就可以干好的工作。它需要具有深厚的理论功底，而且要既懂理论又懂实践，既懂历史又懂现实。唯有如此，才能联系历史发展脉络阐明马克思主义，才能与具体实际相结合运用马克思主义。思想政治理论课老师要全面掌握马克思主义理论观点、历史渊源，透彻理解马克思主义精髓要义，并且善于理论联系实际，善于打通基本原理与当前现实的联系，让青少年感受到真理的力量。提高思想政治理论课说服力，最根本的就在于把马克思主义的道理讲清楚、把社会主义的道理讲透彻。这就要求思想政治理论课教师坚持“思想为本，内容为王”，善于针对教学中的重点难点问题开展深入的学术研究，用学科建设的成果来支撑和提升教学质量，用深厚的学养陶冶青少年，用真理的力量感召青少年。

注重亲和力，善于用身边的事例引导青少年。思想政治理论课涵盖经济、政治、文化、社会、生态文明等各个方面，理论性和现实性都很强，必须及时反映党的理论创新成果，必须及时反映中国特色社会主义建设的最新实践，必须使用最新的话语进行课堂教学。要坚持用身边的典型教育青少年，用中国梦激扬青春梦，为学生点亮理想的灯、照亮前行的路，激励学生自觉把个人的理想追求融入国家和民族的事业中，勇做走在时代前列的奋进者、开拓者。这就要求思想政治理论课教师善于用学术讲政治，根据教学工作实际需要，实现从学科体系到教材体系、教学体系的转换。讲好思想政治理论课，既要善于用政治话语，又要善于用学术话语，更要善于把政治话语与学术话语结合起来，从而更好地用贴近青少年的生活化语言阐述理论，用青少年身边的事例阐释理论，增强学生兴趣，加深对理论的理解。

注重针对性，善于用理想信念塑造青少年。思想政治理论课主要任务是塑造青少年的核心价值观，帮助青年学生树立正确的世界观、人生观和价值观，立志为共产主义远大理想和中国特色社会主义事业而奋斗。价值塑造是一项艰苦细致的思想工作，需要坚持在改进中加强思想政治理论课，提升思想政治教育亲和力和针对性，创新思想政治理论课教学方法，从青少年成长规律和思想实际出发，以青少年喜爱的方式组织和实施课堂教学，满足学生成长发展需求和期待。要多采用青少年喜爱的互动式教学、专题式教学、实践性教学等新方法，多采用青少年喜爱的多媒体教学等新技术，多采用青少年喜爱的微电影、慕课、微课、文艺展演等新方式，运用青少年喜爱的方式潜移默化地把社会主义核心价值观植根于青少年头脑之中，内化于心，外化于行，提升思想政治理论课教学效果。

三、如何加强思想政治理论课教师队伍建设

思想政治理论教师承担着在青少年中传播党的创新理论的重大任务，在青少年心田中埋下真善美的种子，引导青少年扣好人生第一粒扣子，责任重大，使命光荣。思想政治理论课教师是青少年灵魂的工程师。高校教师要坚持教育者先受教育，努力成为先进思想文化的传播者、党执政的坚定支持者，更好担起学生健康成长指导者和引路人的责任。让有信仰的人讲信仰，才能让信仰代代相传；让懂理论的人讲理论，才能让真理伟力转化为实践伟力。办好思想政治理论课，关键在教师，核

心在建设一支专职为主、专兼结合、数量充足、素质优良的思想政治理论课教师队伍。

着力建设政治坚定的思想政治理论课教师队伍。旗帜鲜明讲政治是马克思主义政党的鲜明品格，也是党的创新理论的鲜明特质。对马克思主义的信仰，对社会主义和共产主义的信念，只有首先在思想政治理论课教师心中扎下根，才能在学生心中开花结果。作为传播党的创新理论重要力量的思想政治理论课教师，必须坚定不移听党话跟党走，提高政治站位，站稳政治立场，坚定政治方向。要深入学习掌握马克思主义基本原理，在读原著、学原文、悟原理上下苦功夫，在进教材、进课堂、进头脑上下真功夫，把党的创新理论融入思想政治理论课的全过程和各方面。

着力建设情怀深厚的思想政治理论课教师队伍。思想政治理论课教师和青少年打交道，从事的是思想教育工作，教育和引导的是处于人生“拔节孕穗期”的青少年，没有强大的感染力就难以得到青少年发自内心深处的认同。以文化人离不开以情感人，只有打动学生，才能引导学生。教师在课堂上展现的情怀最能打动人，甚至会影响学生一生。要加强对思想政治理论课教师的培育，增强对党和人民的感情，锤炼知识分子的风骨，锻造浓烈的家国情怀，心里装着国家和民族，心里装着人民和理想，积极投身于中国特色社会主义伟大实践，拜人民为师，以实践为友，在伟大时代的伟大实践中汲取养分、丰富思想，历练出深厚而浓烈的家国情怀，达到用思想政治理论教育引导青少年的实效，为党和人民培育好社会主义建设者和接班人。

着力建设思维创新的思想政治理论课教师队伍。思路决定出路，思维能力是最基本最主要的能力之一。思想政治理论课老师做的是青少年思想工作，一刻也离不开科学的思维方法。思想政治理论课教师不应该只教给青少年一些抽象的概念，而应该教会青少年科学的思维，教会青少年观察认识当代世界、当代中国的立场观点方法。这就要求思想政治理论课教师深入学习和掌握唯物辩证法这个马克思主义哲学的核心方法，善于从战略全局出发看问题，善于把握事物发展的总体趋势和方向，善于用辩证思维看待青少年的思想和行动。思想政治理论课教师要善于从战略上观察和分析问题，拓展全球视野，培育历史思维，紧跟时代前沿，用最新的思想教育引导青少年，确保课程内容及时体现马克思主义中国化最新成果，体现与时俱进的理论品格，提升思想政治理论课的吸引力和有效性。

着力建设视野宽广的思想政治理论课教师队伍。思想政治理论课的一个重要任务就是培育青少年观察和认识世界的敏锐眼光，引导青少年用宽广胸襟吸收人类创造的一切优秀文明成果。因此，思想政治理论课教师要有知识视野，除了具有马克思主义理论功底之外，还要广泛涉猎其他哲学社会科学以及自然科学的知识。要锻造宽广视野，掌握更多知识，洞明更多世事，运用历史与现实、东方和西方的纵横比较，讲清楚马克思主义基本原理，讲透彻中国特色社会主义的历史必然性，让党的创新理论扎根青少年的心田。

着力建设严于自律的思想政治理论课教师队伍。思想政治理论课教师是青少年重要的人生导师，发挥着传授知识、启迪智慧、培育品格的重任，必须在道德品质上严格要求自己。这就要求思想政治理论课教师强化自律意识，扎扎实实做学问，认认真真教书育人，不做与思想政治理论课教师身份不相符的事情，守得住思想道德底线。不仅在课上是正人君子，课下也要有良好的道德修为；不仅在生活空间中讲求仁义道德，在网络虚拟空间也要做到自我约束；始终如一，表里相符，自觉弘扬主旋律，积极传递正能量。

着力建设人格高尚的思想政治理论课教师队伍。德高为师，身正为范。思想政治理论课教师只有师德高尚、为人师表、以身作则，青少年才会亲其师、信其言、乐其道。帮助青少年扣好人生第一粒扣子是需要付出艰苦努力的工作，唯有品德高尚的人才有说服力和感召力。思想政治理论课教师必须锤炼堂堂正正的人格，用高尚的人格感染学生，用深厚的学识魅力吸引学生，用真理的力量感召学生，以深厚的理论功底赢得学生。思想政治理论课教师必须自觉把个人学术追求同国家和民族发展紧紧联系在一起，努力把学术研究成果写在中华大地上，写入青少年的心灵深处，真正做到以深厚的学识修养赢得学生尊重，以高尚的人格魅力引领社会风气。

四、如何加强党对思想政治理论课建设的领导

中国共产党领导是中国特色社会主义最本质的特征。加强党对思想政治理论课建设的领导，是提升思想政治理论课教学质量，培养社会主义事业接班人的内在政治要求。办好中国的事情，关键在党。在新发展阶段，必须把思想政治理论课建设摆上重要

议程，在工作格局、队伍建设、支持保障等方面采取有效措施，努力开好新时代思想政治理论课。

在提升思想政治理论课地位和作用上加强党的领导。各级党委要从传播党的创新理论、培育能够担当重任的时代新人的战略高度，加强对教育事业特别是思想政治理论课建设的领导，加大人财物投入力度，做好保障工作。各级各类学校的党组织书记和校长既要当好教育家更要当好政治家，切实负起教书育人的第一责任，党政一心，齐抓共管，解决好思想政治理论课的核心要素、质量标准、保障条件等问题。加强高校马克思主义学院建设，聚集名师大家，配齐配强干部和教师，切实把马克思主义学院建设成办好高校思想政治理论课的坚强阵地。

在思想政治理论课师资队伍建设上加强党的领导。坚持把是否有效引领青少年思想作为评价思想政治理论课质量高低的重要内容，把教学成效作为评价思想政治理论课教师的根本尺度，在教师职称评定、岗位聘任上充分体现教学的质和量。在思想政治理论课教师选用、管理、考核中要严把政治关、师德关、业务关，解决好学风问题。引导思想政治理论课教师围绕如何解决学生思想困惑、如何破解教学难题、如何让党的创新理论更有效地进教材、进课堂、进头脑来开展科学研究，取得务实管用的科研成果。对能够解决实际问题的高质量研究成果，要在教学科研项目中增列相关研究课题，加大经费投入力度，在科研成果认定上加大权重，引导教师把教学与科研有机结合，以科研促进教学能力提升。加强对经典著作导读的培训，强化社会实践，引导思想政治理论课教师掌握教学规律和方法，提升教学质量和水平。加强思想政治理论课名师工作室建设，为思想政治理论课教师发放岗位津贴，吸引更多优秀人才加入其中、壮大队伍，提高思想政治理论课教师队伍的整体素质。

在促进相关部门形成合力上加强党的领导。为学生释疑解惑，是办好思想政治理论课、保证学生健康成长的中心环节，需要相关部门单位加强沟通协作，形成整体合力。在学校内部，思想政治理论课教学单位、团委、学生处等部门要共同努力，定期梳理学生思想问题；思想政治理论课教师要围绕有效回答学生思想问题来开展科研，创新教学方法，提高教学质量；各类课程都要强化思想政治教育意识，瞄准学生成长成才过程中遇到的难题，进行科学分析，既让青少年获得知识，又要提高思想认识，掌握马克思主义世界观和方法论。在学校外部，要建立党委统一领导、党政齐抓共管、有关部门各负其责、全社会协同配合的思想政治理论教育工作格局，推动形成全党全社会努力办好思想政治理论课、教师认真讲好思想政治理论课、学生积极学好思想政治理论课的良好氛围。宣传、教育等相关部门要加大领导和支持力度，增加科研经费投入，加强队伍培育，努力把思想政治理论课建设的成效体现到培养更多更好的时代新人上来，为实现中华民族伟大复兴中国梦贡献力量。

第十八章 新时代文明实践中心与理论传播

新时代文明实践中心是传播党的创新理论的重要载体，对于推动习近平新时代中国特色社会主义思想往深里走、往心里走、往实里走发挥着重要作用。在新时代，必须全面总结试点工作经验，进一步提高新时代文明实践中心建设质量，不断提升人民思想觉悟、道德水准、文明素养和全社会文明程度。

一、新时代文明实践中心的理论传播功能

建设新时代文明实践中心，根本目的是培养担当民族复兴大任的时代新人，凝聚同心共筑中国梦的强大力量。新时代文明实践中心理论传播功能主要体现在以下几个方面。

传播党的创新理论。新时代文明实践中心第一位的任务就是通过理论宣讲等形式组织党员干部群众深入学习习近平新时代中国特色社会主义思想，深入领会并掌握这一思想的基本观点、核心理念、实践要求，掌握贯穿其中的马克思主义立场观点方法，不断增进对党的创新理论的政治认同、思想认同、情感认同，坚定不移听党话、跟党走。传播党的创新理论要坚持正确的政治导向，紧密结合工作实践，用实践成效印证真理伟力和思想伟力，让党员干部群众更加自觉地维护核心、拥戴领袖，更加自觉地在党的领导下走中国特色社会主义道路。

传播党的路线方针政策。新时代文明实践中心要采取群众喜闻乐见的方式广泛深入宣传解读党代会精神，宣传阐释党中央大政方针，宣传党的为民利民惠民政策，帮助党员干部群众了解政策、掌握政策。特别是，要紧扣人民群众的关心关切，以生动活

泼的形式讲清楚民生保障、就业创业、乡村振兴、生态环保等方面的政策，引导群众通过勤奋工作、诚信经营、团结奋斗创造幸福美好的新生活。

传播社会主义核心价值观。新时代文明实践中心要深入推进社会主义核心价值观宣传教育，引导党员干部群众传承弘扬爱国主义精神，坚定不移走中国特色社会主义道路，为实现中华民族伟大复兴而不懈奋斗。深入实施公民道德建设工程，开展创建文明村镇、创建文明家庭活动，加强普法工作，引导党员干部群众弘扬中华传统美德和社会主义核心价值观，自觉向时代楷模、道德模范、最美人物、身边好人学习，争做好邻居、好媳妇、好公婆，形成向上向善、孝老爱亲，重义守信、勤俭持家，遵法守规、文明和谐的浓厚氛围。

传播社会主义先进文化。广泛开展群众喜闻乐见的文化活动，让党员干部群众在多姿多彩的文化活动中获得精神滋养。大力弘扬科学精神，倡导科学文明健康的生活方式，宣传普及科学知识和文明礼仪规范，传播现代文明理念，引导党员干部群众自觉抵制腐朽落后文化侵蚀，推进移风易俗，涵育文明乡风，弘扬时代新风。弘扬中华优秀传统文化和中华传统道德规范，并结合时代要求和地域特色进行创造性转化、创新性发展，不断满足党员干部群众精神文化生活新期待。

二、新时代文明实践中心的基本属性

建设新时代文明实践中心，本质上是要打造一个全新的传播党的创新理论的实践载体，因而具有鲜明的政治性、教育性、实践性、群众性。

鲜明的政治性。新时代文明实践中心是传播党的创新理论的重要载体。试点方案明确规定，由县委书记兼任新时代文明实践中心主任，乡镇党委书记兼任新时代文明实践所所长，村（社区）党组织书记兼任新时代文明实践站站长，形成三级书记一起抓党的创新理论在基层传播的格局。作为党的创新理论传播重要载体，新时代文明实践中心是十分重要的意识形态阵地，其本质属性就是政治性，体现党的意志，传播党的主张，不断推动党的路线方针政策在基层生根开花结果。

鲜明的教育性。新时代文明实践中心作为意识形态重要阵地，作为社会主义核心价值观重要传播平台，教育性是其基本属性之一。这就要求新时代文明实践中心着力传播党的创新理论、党的路线方针政策、社会主义核心价值观、社会主义法治观念、社会主义先进文化等，引导党员干部群众深刻体悟党的领导是中国特色社会主义最本质的特征和最大制度优势，从而坚定不移坚持党对一切工作的领导，坚定不移走中国特色社会主义康庄大道。新时代文明实践中心是培育能够担当大任的时代新人的重要平台，必须加强理想信念教育，以春风化雨的行动、发人深省的活动、润物无声的氛围，培育良好道德品质，不断提升社会文明素养水平。

鲜明的实践性。社会生活的本质是实践的。新时代文明实践中心是精神文明建设的实践场所，实践性是新时代文明实践中心的基本属性之一。精神文明观念只有通过实践才能实现内化、固化、转化。新时代文明实践中心的实践能够检验人的价值观念是否正确、是否符合客观实际，能够加强党员干部群众的精神联系，促进精神文明实践共同体的形成，进而推动社会文明的整体进步。体现实践性要求，必须将县新时代文明实践中心与乡镇新时代文明实践所、村新时代文明实践站贯通起来，推动文明实践供给侧和需求侧精准对接，将教育内容转化为实践情境，引导党员干部群众主动践行文明观念。

鲜明的群众性。新时代文明实践中心建设打造了一个以人民为中心、以群众参与和群众共享为主要标志的实践平台，群众性是新时代文明实践中心的基本属性之一。新时代文明实践中心建设的重要使命、价值内涵、组织形态都要深刻体现以人民为中心的发展思想和以人民为中心的工作导向，建设布局、功能布设、实践方式都需要以服务群众、方便群众为导向，教育内容、公益服务、志愿行为都需要体现群众意愿、满足群众需求。在新时代文明实践中心建设和运行中，要始终注重群众参与，提高空间管理、服务对象、实践活动的开放性，增强在时间、空间等方面的可接近性，推动党员干部群众参与和共享新时代文明实践中心，引导党员干部群众积极有效地参与其中。

三、提升新时代文明实践中心建设质量

高质量推进新时代文明实践中心建设，必须坚持因地制宜、分类施策，注重体现基层特色，加强阵地建设、人才建设和机制建设，不断提高理论传播的有效性和新时代文明实践中心的吸引力。

加强阵地建设。阵地是文明实践活动的依托，建设新时代文明实践中心需要盘活激活县、镇、村现有公共服务阵地资源，突出文明实践功能，配套完善活动设施，提升资源配置效率。打破部门壁垒，按照服务类别，强化资源整合和功能融合，鼓励探索创新，做强理论宣讲、教育、文化、科技与科普、健身体育等五大平台。借助县级融媒体中心，综合运用微信、微博、移动客户端等渠道，构建网上新时代文明实践中心，做到群众在哪里，文明实践活动就延伸到哪里。推动资源共享共建，促进新时代文明实践中心与深化改革、乡村振兴、基层党建、文明创建、文化惠民、融媒体中心建设等充分融合，不断扩大党的创新理论传播阵地。

加强队伍建设。加强书记抓、抓书记，县委书记兼任中心主任，乡村两级党组织书记兼任所长、站长，并配强抓日常工作的负责人，形成强有力的领导骨干队伍。依托县委党校和县乡村各级学校，优选配强理论宣讲员，形成一支政治素质强、理论功底扎实、语言表达和气质形象好、群众喜爱的宣讲员队伍。充分挖掘社会各方资源，整合党校等各部门、学校、企业等单位，发挥部门的专业和职能优势，选拔各单位在职人员加入新时代文明实践服务队伍，建立县、镇、村三级新时代文明实践志愿服务总队、支队和小队，形成一支想为群众办实事、能够为群众办成事的志愿者队伍。加强对理论宣讲员和志愿者的管理和培训，组织开展知识传授、技能传习、项目交流等不同形式的学习培训，为文明实践工作夯实人才保障。

加强机制建设。新时代文明实践中心建设是一项长期的系统工程，需要最大限度地凝聚和调动各方面力量，激励各方面力量持久推进新时代文明实践工作，不断提高新时代文明实践中心运行效率。加大财政专项资金投入力度，引导和支持国有企事业单位、民营企业、社会组织积极投入人力物力财力，从而保证新时代文明实践中心基础设施完善、运行经费充足、人力资源充沛。加强对新时代文明实践中心的规范、管理、引导和监督，提升文明实践工作的规范化、科学化水平。健全完善激励与创新机制，不断创新文明实践方式、载体和内容，增强新时代文明实践中心的吸引力和认可度。

提高理论传播有效性。让党的创新理论“飞入寻常百姓家”是新时代文明实践中心的基本功能。只有将党的创新理论有效传播到人民群众的心坎上，才能在人民群众中凝聚起最广泛的共识，调动起最深层的力量。要发挥好基层党校、社科联等单位的主阵地作用，构建立体宣讲格局，不断丰富宣讲内容，不断创新宣讲方式，真心真情传播党的理论政策，凝心聚力培育和践行社会主义核心价值观，以党的创新理论的真理伟力吸引和凝聚群众。

增强新时代文明实践中心吸引力。突出实践性和群众性，坚持用身边事教育引导身边人，是增强新时代文明实践中心吸引力的关键。大力选树身边的道德模范，宣传身边好人好事，引导农村群众向善向上、孝老爱亲、重义守信。开展家风建设，宣传优秀家规家训，将社会主义核心价值观融入家庭教育，提升乡风文明。倡导科学文明的生活理念，弘扬勤劳节俭的优良传统。牢牢把握为民服务这个新时代文明实践中心建设的出发点和落脚点，围绕群众关注的难点焦点问题，巧妙设计活动项目和服务菜单，建立供需对接机制，让群众乐于参与、便于参与、勤于参与，多为群众解难事、做实事，提高群众的获得感。

四、充分发挥理论宣讲志愿者作用

马克思主义是实践的理论。建设新时代文明实践中心，很重要的一点考虑就是要通过实践增进基层党员干部群众对党的创新理论的政治认同、理论认同、情感认同。在新时代文明实践中心开展志愿服务，是传播党的创新理论的重要方法，其中的理论宣讲志愿服务是直接传播党的创新理论的重要途径。因此，在新时代文明实践中心建设的全过程，都要大力弘扬志愿精神，加强理论宣讲志愿服务工作，努力提高党的创新理论传播实效。

无私奉献做好宣讲工作。理论宣讲志愿者必须具有无私奉献精神，把无私奉献作为一种根植于内心深处的价值观念，不计回报地投入马克思主义理论宣讲志愿服务工作之中。要积极宣传党的创新理论和党的路线方针政策，在走进群众之中服务群众，为群众释疑解惑，真正做到同群众心贴心。要按照“党的理论创新每前进一步，理论武装工作就要跟进一步”的要求，深入机关、学校、厂矿、农村、社区，用群众喜闻乐见的语言，回答群众关心关切的现实问题，让理论和实践紧密地结合起来，推动党的理论创新成果走进人民群众心间，使理论成为群众认识和改造世界、创造美好生活的强大武器。

着力提高政策理论水平。理论宣讲属于政治形势分析和政策解读，对宣讲志愿者的政治性、政策性要求很高，必须政治站位高，政治信仰坚定，理论功底厚实，政策掌握透彻。这就要求理论宣讲志愿者真学真懂真信真用马克思主义理论，真学真懂真信真用习近平新时代中国特色社会主义思想。只有做到了真学真懂真信真用，在从事理论宣讲志愿服务工作时才会有精神支柱，在宣讲内容的取舍上才会有精心的设计和安排，才能在宣讲志愿服务中不断提高理解和掌握党的创新理论的水平。

不断提高宣讲质量和水平。加强马克思主义理论传播，必须用通俗的形式、鲜活的内容、群众的语言，深入浅出地传播马克思主义的基本原理，实现马克思主义理论由抽象到具体、由深奥到通俗、由少数人理解到多数人理解的转变。新时代文明实践中心的理论宣讲志愿者大多来自基层，了解生活，了解与群众切身利益密切相关的民生问题，了解群众的思想困惑，了解群众的所期所盼，了解群众的思想动态，和人民群众有深厚感情，从事理论宣讲不脱离实际，不哗众取宠，不信口开河地空谈，有很强的亲和力，容易被群众认同和喜爱。理论宣讲志愿者在理论宣讲志愿服务过程中，要善于化科学为艺术，化理论为生活，善于把理论表述的书面和会议语言改变成生动鲜活的生活语言，把理论的宏大叙事改变成日常生活的小叙事，把理论的逻辑论证变成道德的启示与教化，把理论的抽象和枯燥数字变成具体感人的人物、故事和景观，使其贴近人民群众的生活和需求，达到宣讲效果的最佳化。

加强理论宣讲志愿者队伍建设。要确保新时代文明实践中心建设取得实效，必须建设一支高素质的理论宣讲志愿者队伍。在县、镇、村文明实践志愿服务总队、支队和小队中，整合党校教师和中小学教师等方面的力量，充分挖掘社会各方资源，拓宽基层理论宣讲志愿者选用渠道，组建理论宣讲志愿服务小分队。要在基层党员干部群众选择爱理论学习、宣讲能力强的同志，加入理论宣讲志愿服务小分队中。高度重视理论宣讲志愿者培训工作，全面提高志愿者理论宣讲能力。鼓励志愿者多读书、多看电视理论宣讲节目，组织开展理论知识传授、宣讲技能交流等不同形式的学习培训，通过现有志愿者队伍师徒结对、传帮带进行培养，不断提高理论宣讲志愿者政策理论水平和宣讲能力。

参考文献

著　作

［1］曹普.辉煌历程:庆祝新中国成立60周年读本［M］.南昌:江西高校出版社,2009.

［2］戴小明.中央与地方关系:民族自治地方财政自治研究［M］.北京:中国民主法制出版社,1999.

［3］戴育雷.成就员工:航天企业文化的终极境界［M］.北京:知识产权出版社,2012.

［4］丁茂战.我国政府社会治理制度改革研究［M］.北京:中国经济出版社,2009.

［5］董振华.坚持群众路线方法十讲［M］.北京:人民出版社,2013.

［6］冯鹏志.冯鹏志讲稿［M］.北京:中共中央党校出版社,2019.

［7］韩保江.当前中国经济热点18个怎么看:“十八大”后中国发展绕不开的“18个问题”［M］.成都:四川人民出版社,2012.

［8］洪向华.“四个全面”党员干部读本［M］.北京:中共党史出版社,2015.

［9］胡敏.创新思维研究［M］.北京:国家行政学院出版社,2010.

［10］焦利.吏治何以清明:清代监察法镜鉴［M］.北京:中国民主

法制出版社,2007.
[11] 李中印.建言中国[M].北京:国际文化出版公司,2009.
[12] 梁小虹.《党委会的工作方法》新实践[M].北京:中共中央党校出版社,2016.
[13] 刘海涛.中国特色社会主义的成长历程[M].北京:中共中央党校出版社,2012.
[14] 柳建辉.中央党校教授讲党史[M].成都:四川人民出版社,2009.
[15] 罗平汉.村民自治史[M].福州:福建人民出版社,2006.
[16] 蒲实.新时代乡村振兴战略[M].北京:国家行政学院出版社,2019.
[17] 牛先锋.小康文化论[M].广州:广东教育出版社,2007.
[18] 秦刚.中国特色社会主义理论体系:最新修订版[M].北京:中共中央党校出版社,2013.
[19] 邱耕田.低代价发展论[M].北京:人民出版社,2006.
[20] 荣长海,等.社会主义社会发展论[M].天津:天津社会科学院出版社,2001.
[21] 石霞.走向市场:欠发达地区农村市场化研究[M].北京:中国农业出版社,1999.
[22] 宋惠昌.权力的哲学[M].北京:中共中央党校出版社,2014.
[23] 孙林.中国与东盟区域经济合作:贸易关系、潜力及合作模式选择——农产品贸易视角[M].北京:中国农业出版社,2008.
[24] 温亚震,张伟.职业经理人九项修炼[M].北京:机械工业出版社,2008.

[25] 吴秀龙,宫雪琴.西部的太阳:中国少数民族地区乡镇企业发展纪实[M].昆明:云南人民出版社,1993.

[26] 吴忠民.社会公正论:第2版[M].济南:山东人民出版社,2012.

[27] 辛鸣.十八大后党政干部关注的重大理论与现实问题解读[M].北京:中共中央党校出版社,2012.

[28] 徐祥临.三农问题干部学习读本[M].北京:中共中央党校出版社,2004.

[29] 许宝健.权力与“笼子”[M].北京:中国发展出版社,2013.

[30] 杨英杰.金融发展中的中国货币需求活动研究[M].北京:中共中央党校出版社,2004.

[31] 余金成.社会主义的东方实践:解读马克思主义基础理论的现代形态[M].上海:上海三联书店,2005.

[32] 张宝林.中国残疾人事业理论与实践研究[M].北京:华夏出版社,2007.

[33] 张荣臣,韩玉宇,谢英芬.“四个全面”新思想 新观点 新论断[M].北京:北京联合出版公司,2015.

[34] 张占斌.中国式崛起:和谐发展与公共经济管理改革:上[M].北京:国家行政学院出版社,2007.

[35] 张志明.中国共产党与中国民主政治:英文版[M].北京:五洲传播出版社,2007.

[36] 赵慧珠.中国农村社会政策初步研究[M].北京:中国农业出版社,2008.

[37] 钟国兴.社会选择论[M].北京:人民出版社,1987.

[38] 周为民,等.90年来马克思主义中国化的历史经验[M].北京:

中共中央党校出版社,2012.
［39］周佑勇.行政法原论:第三版［M］.北京:北京大学出版社,2018.
［40］朱秀岩.农业职业技能开发管理［M］.北京:中国农业出版社,1998.
［41］祝灵君.做好群众工作的9个原理［M］.北京:中共中央党校出版社,2015.
［42］卓泽渊,冯永华.新时期社会主义法治建设的理论与实践［M］.北京:中国法制出版社,2013.

论　文

［1］曹世生,范军.融合创新:以新技术赋能出版高质量发展［J］.科技与出版,2020(5).
［2］陈辉.论作者队伍建设与科技期刊的可持续发展［J］.编辑学报,1999(4).
［3］陈剑文,陈红彬,李琼.创新理论传播的路径选择——以《湖北日报》全媒体“新时代湖北讲习所”报道为例［J］.新闻战线,2018(11).
［4］党绥梅.新中国七十年马克思主义中国化的历程和启示［J］.西安石油大学学报(社会科学版),2019(6).
［5］高长明.期刊编辑与作者间的矛盾及解决途径［J］.编辑之友,2012(8).
［6］顾海良.马克思主义在中国传播的启程与思想取向——《马藏》第一部第一至五卷论要［J］.马克思主义与现实,2019(3).

[7] 中共北京市委讲师团课题组,贺亚兰.解决突出问题 创新北京理论宣讲工作[J].前线,2016(11).
[8] 金民卿.党的理论建设的传道视角探析[J].前线,2020(7).
[9] 冷淑莲,冷崇总.关于学术期刊选题策划的思考[J].价格月刊,2010(10).
[10] 李朝阳.办好思想政治理论课的前提、关键和根本[J].求知,2019(5).
[11] 李殿祥.从三个维度看马克思主义中国化[J].红旗文稿,2019(24).
[12] 李桂荣.理论广播节目中的音响运用[J].记者摇篮,2009(12).
[13] 李敬煊,金姣.马克思主义在中国的早期传播[J].学习与实践,2020(5).
[14] 刘勇.习近平新时代中国特色社会主义思想国际传播的价值定位、机遇条件与实践方略[J].思想政治教育研究,2020(4).
[15] 刘志武.学术期刊选题策划的思考[J].中国出版,2011(10).
[16] 宋丽娟,彭文娟,张宇.广播节目理论传播创新研究——以湖北之声《党的基础知识问答》栏目为例[J].新闻前哨,2019(1).
[17] 粟实.深化基层理论宣讲工作的实践及其思考[J].前进,2017(5).
[18] 孙武安,张鹏程.高校党委在办好思想政治理论课中的关键作用[J].中国高等教育,2019(20).
[19] 王沛栋.维护网络意识形态安全的着力点[J].党政干部论坛,2020(1).
[20] 许云鹏.创新节目表达 让理论之光照亮现实——以吉林广播电视台理论栏目《好好学习》为例[J].北方传媒研究,2020(3).

[21] 杨汉卿.党刊要善用学术讲政治[J].岭南学刊,2017(3).

[22] 张雷声.办好思想政治理论课与建强马克思主义理论学科[J].吉首大学学报(社会科学版),2020(2).

[23] 张腾之,陈贝贝.打造智慧融媒体　打通两个舆论场——央视新闻评论节目《中国舆论场》创新实践[J].中国广播电视学刊,2017(4).

[24] 张祥志,米钰洁.新闻出版业高质量发展及版权保障[J].中国出版,2019(24).

[25] 张晓路,谢玲.新中国意识形态斗争基本经验与启示[J].齐齐哈尔大学学报(哲学社会科学版),2020(6).

[26] 赵金.打造高素质宣传思想工作队伍[J].党建,2018(10).

[27] 郑建.微信如何开展理论传播[J].新闻战线,2015(19).

[28] 艾晓晖.让新时代文明实践中心在基层开花结果[N].学习时报,2020-06-03.

[29] 曹健华.宣传思想工作如何更加科学有效[N].湖南日报,2018-10-28.

[30] 曹玉涛.以学术讲政治　增强新时代大学生思政课获得感[N].中国社会科学报,2018-10-26.

[31] 李宗喜.出版专业化:实现高质量发展的必由之路[N].中国新闻出版广电报,2020-06-24.

[32] 谭跃.出版高质量发展的内涵之思[N].中华读书报,2019-03-27.

[33] 王小龙.准确把握理论宣讲的基本要求[N].人民日报,2013-01-23.

[34] 闻言.新时代党的宣传思想工作的根本遵循——学习习近平《论党的宣传思想工作》[N].人民日报,2021-01-04.

[35] 吴传毅.党校教学必须做好用学术讲政治[N].学习时报,2019-03-22.

[36] 宣云凤,陈伟龄.谈谈理论宣讲志愿者精神[N].新华日报,2012-06-12.

[37] 虞爱华.着力增强新形势下宣传思想工作有效性[N].学习时报,2018-08-24.

[38] 赵士红.切实加强党对宣传思想工作的全面领导[N].河南日报,2018-09-03.

致　谢

理论传播学是研究党的创新理论传播规律的学问。因此，我要感谢党的创新理论的创立者，感谢敬爱的党、祖国和人民，感谢伟大的时代。

感谢本书写作中引用或参阅文献的作者、编辑和出版单位。感谢发表本书各章节文章的杂志社领导和编辑老师。感谢工作期间的各位领导和同事。感谢学习期间的各位老师和同学。感谢各位亲人和朋友。

感谢理论传播学这个核心命题的原创者学习时报许宝健社长。2019年，许社长首次提出要研究理论传播学。三年来，许社长多次提出新概念新命题，在关键时刻给予指导和支持。感谢山东人民出版社胡长青社长、王海涛副总编辑和战海霞老师对书稿的修订和指导。

感谢各位亲爱的读者。

需要说明的是，尽管在写作过程中参阅了大量研究文献，但本书阐述的仍多是作者个人的思考，其中难免存在一些不当之处，欢迎读者批评指正。